U0032405

宋遼關係史研究

陶晉生・著

序

我開始試探宋遼外交關係的課題，是在十年前，當時獲得國家科學委員會的研究補助，輯錄了李燾「續資治通鑑長編」中的宋遼關係史料，分成三册出版。其後陸續發表了「北宋慶曆改革前後的外交政策」和「王安石的對遼外交政策」兩文，在臺灣大學講授遼金元史時，亦提出來和同學討論，引起相當的興趣。所以後來又陸續寫作了幾篇論文。

這本小書包含了已經發表的五篇論文（第二、四、六、七和八章），此外，第五章原是用英文寫的，也已經發表。現在連同未發表過的三篇(第一、三、九章)，經過改寫和翻譯，輯成稍具連貫性的小册，探討宋遼之間的外交關係。

在寫作這些論文的過程中，特別應當感謝的是中央研究院歷史語言研究所的師友對我的工作的很多指示。歷史語言研究所的安定環境和豐富藏書，使工作能够順利進行，同時，並且感謝該所允許我將發表在集刊上的文章包括在本書內。

我也想在此謝謝 Jack Dull, Morris Rossabi 和張存武敎授，他們組織的三次會議，使我得以發表三篇論文（第三、五、七章）。

亞利桑那大學的 William Schultz 敎授，歷史語言研究所的邢義田先生，臺灣大學研究生陳家秀、耿立羣和李今芸曾經讀過這些論文的全部或一部分，並提出寶貴的意見。尤其耿立羣於今年二月起擔任我的助理，在搜集中國近世社會史史料工作之餘，替我作了繁雜沉悶的抄寫和整理小注及書目的工作，在此一併誌謝。書中錯誤在所不免，仍由我負全部的責任。

陶晉生

識於民國七十二年五月

目錄

第一章　宋遼關係的歷史背景

在中國歷史上，外族對華夏民族的威脅，一直是一個嚴重的問題。商周時代，野蠻部落散佈華北，其中若干與華夏民族混合，另一些則被逐往邊遠地區。商朝卽已受到如鬼方等外方部落的威脅[1]。西周起於與戎人混雜的西部，似乎沒有鄙視夷狄，但是最後亡於犬戎[2]。東周時期，中原霸主必須挑起「尊王攘夷」的重擔。〔春秋〕一書充分表達了傳統華夏民族對於夷狄的「嚴夷夏之防」的態度。「中國」和「夷狄」中間的界線，至少是文化上的界線，

1 關於商代的各方部落，看 Kwang-chih Chang, *Shang Civilization* (New Haven: Yale University Press, 1980), pp. 248-259; 邢義田，「天下一家——中國人的天下觀」，〔中國文化新論．根源篇．永恒的巨流〕（臺北：聯經，民國七十年），頁四三五——四四一。

2 關於西周與夷狄的關係，看 H.G. Creel, *The Origins of Statecraft in China* (Chicago: University of Chicago Press, 1970), Chapter 9, "The Barbarians".

必須畫分清楚，所謂「內諸夏而外夷狄」[3]，指出處於天下之中的文明中國，不可與「野蠻」的夷狄雜處。夷狄喜愛中原文化，願意採取中國風俗習慣的，可以「入中國則中國之」；不願採取中國文化的，則應當與文明的華夏民族隔離，永爲化外之民。管仲輔佐齊桓公尊王攘夷，孔子稱讚他說：「微管仲，吾其被髮左衽矣！」[4] 孔子主張「夷不亂華」[5] 表現了他重視中原文化的持續，不被外來民族影響的關心。儒家的理想進一步要以高度的文明和道德去同化和感化外夷。孟子說：「吾聞用夏變夷者，未聞變於夷者也。」[6] 不但視「用夏變夷」爲當然，並且顯示了一種文化的優越感。

戰國時期，由於北方夷狄採借了中央亞細亞民族的騎馬技術，其對中原的威脅更加嚴重。北邊和西方諸國不得不築城防禦，並且必須模仿遊牧民族，訓練騎兵，以對抗夷狄的入侵。前者到秦代連接戰國城牆而成爲長城；後者例如趙武靈王「胡服騎射」。

秦漢時代，匈奴崛起。漢高祖受平城之辱後，文景二帝不敢向匈奴挑戰，努力安定內部，與民休息。至漢武帝方能遠征匈奴，屢建邊功，拓疆至西域。此後中國建立了一種以中

---

3 〔春秋公羊傳〕成公十五年。
4 〔論語〕「憲問」十四。
5 〔左傳〕「定公」十年。
6 〔孟子〕「滕文公」上。

國爲中心的國際制度，令臣服的諸國爲藩屬，按時入貢。在此一制度下，中國政府運用羈縻、貿易、和親、屯田、分化、以夷制夷、以夷攻夷等政策對付夷狄。同時，固有的對外夷的態度也在朝貢制度之下發展。中國人鄙視環繞文明中心的夷狄，以維持以中國爲中心的朝貢制度爲國際關係的最高理想。並且以武力與德治（「威德」）交互運用，促使夷狄入貢[7]。自此漢族養成了一種鄙視夷狄的「我族中心」主義。就當時的游牧民族如匈奴而言，朝貢制度對他們也有若干好處，一般說來，朝貢本身就是一種貿易的方式，朝貢使節除接受賞賜外，並從事採購和銷售等交易。朝貢的更深一層的意義，是以此一形式來保證正常貿易關係的運行。由於游牧民族需要很多中原的農產品和日用品，以及貴族消費的奢侈品，向中國入貢成了維持經常透過貿易取得這些產品的一種手段。中國政府也瞭解游牧民族對於農業民族的倚仗，遂時常以通商來籠絡外族，或以停止貿易來制裁外族[8]。

漢唐武功強盛的時代，中國的確能夠建立以中國爲中心的朝貢制度，來維持「世界秩序」。不過這一世界秩序有時候僅是表面的和形式的維繫，並不眞正表示夷狄心悅誠服，仰

[7] 參看 Wang Gungwu, "Early Ming Relations with Southeast Asia: A Background Essay," in John K. Fairbank, ed., *The Chinese World Order* (Cambridge, Mass.: Harvard University Press, 1968), pp. 38-44.

[8] 參看 Ying-shih Yu, *Trade and Expansion in Han China* (University of California Press, 1967).

慕中華文化。在這些時期裏，當中國朝廷的「威」「德」皆不足以臣服外夷時，遂以夷狄不來擾邊爲滿意。這種情形實不足爲奇，因爲朝貢制度應溯源於古代的封建制度。周代諸侯向周王朝覲及進貢，雖然在早期具有政治、經濟和軍事上對周王效忠和支援的意義，但是諸侯在自己的采邑上的權威與時俱增，以致終於達到獨立的地位。封建制度的兩個特色，是等級的差別和對外的延伸。把外夷狄納入封建制度之內，也是封建制度延伸的一個目標[9]。在後代朝貢制度之下的外夷，時常維持著類似的地位。他們雖然向中國朝廷進貢，但是自身仍然具有獨立的身分，而且視朝貢制度爲形式，甚至利用此一形式向中國取得經濟和政治方面的利益。中國朝廷只有在內政修明、武功強盛時，纔能偶然干涉藩屬的內政。比較開明的君主和政治家，都能了解對外族的政策以維持和平爲首要，而朝貢與否尚在其次。和平既屬首要，則對外政策的運用，必需具有彈性，以因應變局。因此在以中國爲中心的世界秩序的架構上，我們可以看到各種策略的運用，和各種中外關係的模式。

傳統中國思想家和史家大都視統一帝國及其維持的朝貢制度爲理想，而以與外族建立平等關係爲恥辱，這種態度應追溯到古代儒家尊崇王道的態度。孔子稱道齊桓霸業，但齊桓值得稱道是因爲他們尊崇周室。在大一統的周代，諸侯對周王効忠，並向他進貢，這是理想的

9 參看邢義田，前引文。邢文中討論封建制度的三個主要因素：一元、等級、和延伸。

政治。春秋戰國的霸主不能尊王和協助王室統一，是違背理想的變局。大一統的理想應當維繫和恢復，變局則應是暫時的現象。到了後世，夷狄的侵略是造成分裂的一個重要因素。史家及哲學家討論朝代的治亂，時常指出治世都是統一的時代，而亂世都是分裂或夷狄入主中原的時代。所以魏晉時有五胡「亂」華，宋代受契丹和西夏的侵擾，邵雍指爲「僕奴凌主人，夷狄犯中國。」[10] 基於此一態度，傳統史家和思想家常以恢復古代聖王以王道獲致太平的局面爲最高理想，應爲每個君王去努力達成。以中國爲中心的世界秩序自亦爲王道政治下的一種理想的制度。多元的國際政治，如春秋戰國時代諸國的並立，既不爲思想家和史家看重，自亦非他們討論和研究的重要對象。但是這種忽視並不表示多元國際政治，甚至對外族的平等關係卽不存在；反之，這種情況時常在中國的對外關係中發生。以中國爲中心的世界秩序及朝貢制度，雖然是傳統中國對外關係的主要模式，但是朝貢制度不足以涵蓋整個傳統中國歷史上的對外關係。在漫長的中外關係史上，仍有各種不同的對外「模式」值得探究[11]。當理想的世界秩序不能實現的時候，中國與外族之間不得不勉強發展各種形式的實質關

10 邵雍，〔伊川擊壤集〕（〔四部叢刊初編〕），卷十六，頁一一七，「思患吟」，原詩云：「僕奴凌主人，夷狄犯中國。自古知不平，無由能絕得。」

11 近年來關於中國的對外關係的研究，屢見不鮮。但多數研究皆以清朝為主要對象，如 Fairbank, ed., *The Chinese World Order*。而清朝的對外關係自以朝貢關係為主流。

係，平等的外交關係也就是這種無可奈何的實質關係的一種。

西周時代，周人並不一定輕視戎狄。周人來自西北，與狄人雜處，最初且受到東方較文明的商人的歧視。東周時代，王室式微，諸侯中霸主興起。春秋戰國的會盟制度和國際條約的締訂，卽爲後代所沿襲[12]。周王和諸侯之間的婚姻關係，演變爲「和親」，由中國公主下嫁夷狄酋長，建立親屬關係，企圖利用和親達到感化外族的目的。此一時期諸侯間時常維持著多元的外交關係，形成了一種「隱型」的傳統，而不如一元的「顯型」朝貢傳統爲人注意，但是多元外交關係的慣例卻一直爲後代有此需要時來模仿。春秋戰國時期實際存在著多元國際政治，在會盟中，可以看到外交禮節和慣例的實行。使節的交換，儀式的舉行，典禮的演出，以及外交辭令的運用，無不細心策畫。國際條約的締訂，目的在結盟抵抗共同的敵人，或者爲了便於通商，或者爲了加強諸侯家族間姻戚的紐帶，以及強化傳統友誼。多邊條約的締結，則形成集團以求集體安全或國際均勢[13]。當時不僅衰弱的周室需要降格的以外交

---

12 參看劉伯驥，「春秋會盟政治」（臺北：中華叢書編審委員會，民國五十一年）；周伯戡，「春秋會盟與霸主政治的基礎」，「史原」，第六期(民國六十四年)，頁十七——六十二。Herbert Franke, "Treaties between Sung and Chin," in Francoise Aubin, ed., *Études Song*, Serie 1, No. 1(Paris: Mouton, 1970), pp. 56-58.

13 參看 Richard L. Walker, *The Multi-State System of Ancient China* (Westport, Conn.: Greenwood Press, 1971. Orig. 1951), Chapter 4; 雷海宗，「古代中國的外交」，「社會科學」（清華）四卷一期（一九四七），一〇九——一二一。

手腕應付諸侯，諸侯也常與夷狄結盟以獲外援。中原諸侯不僅與夷狄之邦的楚、吳、和越締交，而且也和更野蠻的戎狄建立外交關係。魯侯曾屢次與戎會盟[14]，晉國更常與戎狄結爲姻親，如晉獻公娶二女於戎，大戎狐姬生重耳，重耳投狄十二年，納赤狄女季隗，生二子[15]，晉侯自認與戎狄爲姻親之國[16]。

即使在漢朝的聲威鼎盛之時，漢與匈奴的外交關係實際上時常建立在平等基礎之上。外交關係並且需要和親來鞏固[17]。南北朝時期，南北間的外交關係更是和春秋時代諸國間的外交關係相似，例如北魏與南方的宋、齊、梁三朝，雖然由於和戰勝敗的形勢，外交關係隨著變動，但是雙方時常維持著平等的外交立場。容止優雅、富於辭令、知識高深的使節絡繹於途，外交禮節和典禮皆以平等爲原則，這些平等外交的實施，大部以春秋戰國時期的國際關係慣例爲藍本[18]。後來宋遼關係上的若干措施，頗有模仿南北朝的國際關係的跡象。到了唐代，唐與突厥和吐蕃間的關係，也有相當長的時期是對等的。唐與外族的平等條約，可以舉

14 劉伯驌，「春秋會盟政治」，頁一六二：魯隱公二年，兩次與戎會；頁一六四：桓公二年，復與戎會。

15 「左傳」「僖公」二十三年；參看劉伯驌，「春秋會盟制度」，頁二三——二七。

16 「左傳」「成公」十三年，晉侯使呂相絕秦，曰：「……白狄及君同州，君之仇讎，而我之昏姻也。」

17 看 Chun-shu Chang, "War and Peace with the Hsiungnu in Early Han China," 列入「陶希聖先生八秩榮慶論文集」（臺北：食貨，民國六十八年）。

18 看逯耀東，「北魏與南朝對峙期間的外交關係」，「新亞書院學術年刊」，第八期（一九六六），三一——六一。

唐與吐蕃在西元八二一——八二二年訂立的條約爲代表。在這一現代仍可見到碑文的條約的條文裏，可以窺見當時的外交措施與後代的國際條約頗爲相似。該條約係於唐廷與吐蕃朝廷的典禮中成立，不但由此建立了兩國王室間的姻親關係，而且互相稱呼「皇帝」[19]。後來宋遼間的澶淵盟約，卽與此一條約類似。

對於宋遼外交關係影響最直接的朝代，應爲五代。在這一個可稱爲另一個多元國際關係的時期裏，北方相繼興起的五代，居於中原的領導地位（石晉除外）。後梁時南方諸國大都向梁稱臣納貢，祇有吳與蜀是例外。後唐莊宗稱吳王爲「吳國主」，在外交禮節方面與吳對等，行「敵國之禮」。但吳主稱唐莊宗爲皇帝，並向其進貢。南方諸國之間，則普遍存在著外交上的對等關係；王室之間也有締結姻戚的，如閩與南漢。值得注意的是當時的一些特別的外交措施。一項是派遣駐在外國的使節可以是相當長期的，如南漢派駐在後梁的「進奏使」，及閩駐在南漢的使節[20]。另一值得注意的是除了在中國境內諸國間有複雜錯綜的國際關係之外，中國諸國和外國也形成了一個更大的國際系統。參與這一國際系統的外國包括契

19 Fang-kuei Li, "The Inscription of the Sino-Tibetan Treaty of 821-822," *T'oung-pao*, XLV(1956), 1-99.

20 參看 Morris Rossabi, ed., *China Among Equals: The Middle Kingdom and its Neighbors, 10 to 14 Centuries*, (University of California Press, 1983) 中 Edmund H. Worthy, Jr. 之文。

丹和高麗，而以契丹最為重要。唐末契丹在東北興起，酋長耶律阿保機於西元九〇三年建國後，不過兩年（九〇五），就與雄據山西的晉王李克用結盟，並約為兄弟。雖然阿保機一度向後梁稱臣納貢，但是他不甘雌服，積極發展契丹國力。到了其子耶律德光當政的時候，契丹終於取得了當時國際系統的領導地位。由於後唐的內爭，石敬瑭亟需外援，遂引狼入室，向耶律德光稱臣稱子，割讓燕雲十六州，每年進貢絹三十萬匹，以換取耶律德光出兵中原，支持石晉政權。這一連串的事件，造成了歷史上中國王朝向外國割地納貢，皇帝向外國主子稱臣稱子最聲名狼藉的一頁。其中牽涉到的外交先例，不但影響了宋遼關係中的一些措施，更影響了南宋與金的關係。

在這一擴大的國際關係系統裏，產生了一些制衡的政策，例如南方的吳越與北方王朝維持友好關係，目的在限制位居二者之間的吳及繼承吳的南唐的活動。不僅如此，吳越亦與日本、高麗及契丹聯繫，除與以上諸國通商外，並在各方面與南唐競爭，因為南唐和契丹建立了友好關係，其目的在對付吳越與北方王朝的勾結[21]。北宋時代，為了與契丹抗衡，宋廷的一貫政策是與高麗聯合，希望造成遼朝腹背受敵的形勢，或者至少利用高麗在契丹後面發生

---

21 同上，Edmund Worthy 之文。參看邢義田，「契丹與五代政權更迭之關係」，〔食貨月刊〕第一卷第六期（六十年），頁二九六——三〇七。

一點牽制的力量。後來宋廷聯金滅遼，正是繼續推行這一政策的結果。

綜上所述，可以知道傳統中國固然具有一個很強的傳統來維持以中國為中心的世界秩序，要求隣國稱臣進貢，但是另一個傳統也不可以忽視，那就是與隣國實際維持的對等關係。傳統中國君臣從中國與外族之間複雜變動的關係中，不斷地汲取經驗，以求在不同的形勢和環境之下制定不同的政策。在這一漫長的對外關係史中，我們可以發現，雖然傳統中國的對外政策制定者時常抱有維護中國優越地位的理想，並以宣傳來支持此一理想，但是他們更時常以理性的態度來制定政策，並顯示著相當大的彈性。漢代班固在敍述匈奴與漢之間的史事時，對當代各種政策都加以評估，結論是：和親無益，征戰也非良策，應當對匈奴保持距離，採取守勢。他說：

來則懲而御之，去則備而守之。其慕義而貢獻，則接之以禮讓，羈縻不絕，使曲在彼，蓋聖王制御蠻夷之常道也[22]。

唐初武功極盛，魏徵卻常規勸唐太宗不必向外過度擴張，而主張以「中國既安，遠人自服」為外交政策的指導原則[23]。中唐以後，國勢日蹙，對外和平關係不易維持。陸贄對於外

22 〔漢書〕（百衲本），卷九十四下，「匈奴傳」末。
23 司馬光，〔資治通鑑〕（臺北：藝文本），卷一九三，頁二十八下（二九五八）：「上謂長孫無忌曰：魏徵勸朕偃武修文，中國既安，四夷自服，朕用其言。」

交政策，有很深刻的了解，他認為對外政策的制定，應當基於對全盤局勢的考慮，包括敵我國勢和實力，方能對症下藥。他說：

蓋以中夏之盛衰異勢，夷狄之強弱異時，事機之利害異情，措置之安危異便。知其事而不度其時則敗，附其時而不失其稱則成。形變不同，胡可專一？夫以中國強盛，夷狄衰微，而能屈膝稱臣，歸心受制，拒之則阻其向化；滅之則類於殺降。安得不存而撫之，卽而叙之也。又如中國強盛，夷狄衰微，而尚棄信忤盟，蔑恩肆毒，諭之不變，責之不懲，安得不取亂推亡，息人固境也。其有遇中國喪亂之弊，當夷狄強盛之時，圖之則彼釁未萌，禦之則我力不足，安得不卑詞降禮，約好通和？啗之以利，以引其懽心；結之以親，以紓其交禍。縱不必信，且無大侵，雖非御戎之善經，蓋時事有不得已也。倘或夷狄之勢，強弱適同，撫之不寧，威之不靖，力足以自保，勢不足以出攻，安得不設險以固軍，訓師以待寇，來則薄伐以遏其深入，去則攘斥而戒於遠追。雖非安邊之令圖，蓋勢力亦有不得已也。……故曰：知其事而不度其時則敗；附其時而不失其稱則成。是無必定之規，亦無長勝之法。得失著效，不其然歟[24]？……

24 陸贄，〔陸宣公奏議〕（臺北：商務，民國五十四年臺初版），卷三，「論緣邊守備事宜狀」，頁六二。

陸宣公在這篇文章裏，指出中國和夷狄間勢力強弱消長的三種形勢。如果以契丹和北宋間的關係來看，是屬於「強弱適同」的狀況，而契丹的武力略佔上風。在這種形勢之下，北宋一方面不得不「卑詞降禮，約好通和。啗之以利，以引其懽心；結之以親，以紓其交禍。」另一方面必需「設險以固軍，訓師以待寇。」而陸宣公提示的最重要的警語是：「是無必定之規，亦無長勝之法。」這些理性的看法，北宋君臣大都能够體認。

何以宋與遼夏「強弱適同」，而不能在武功上直追漢唐呢？宋朝的「積弱」與立國方針有關，在此要作一簡略的探討。

宋代開國君臣鑑於唐末五代藩鎮割據，尾大不掉的局面，危及社稷，遂採取「強幹弱枝」或「強本弱末」的中央集權方針，收取諸大將兵權，鞏固中央政府。尤其在軍事制度方面，由皇帝指揮強大的中央軍——禁軍，削弱地方武力，地方由比較分散而又不精銳的廂軍駐守。這樣的制度限制了宋朝的擴張，因爲命將出征，攻城掠地易於造成悍將擅權割據的狀況。「強幹弱枝」政策導致宋朝的「積弱」，常爲史家詬病[25]。

嚴格的說，將強大的武力集中於中央政府，並不必然造成政府的「積弱」。「強幹弱枝」

---

25 蔣復璁，「宋代一個國策的檢討」，收入宋史研究會編，〔宋史研究集〕，第一輯（臺北：中華叢書委員會，民國四十七年），頁四〇七——四五〇；趙鐵寒，「關於宋代『強幹弱枝』國策的管見」，同書頁四五〇——四五三。

政策和宋代統治者一貫提倡文德，壓抑尚武精神結合，纔形成內重外輕，國勢不振的現象。時日既久，君臣百姓逐漸偏重文治，注意內政，而忽略國防。卽使重臣如范仲淹也認爲禍亂之源不在夷狄而在盜賊，這樣的看法再進一步卽踵於極端：在對外關係方面，若干人認爲「以德懷遠」是顛撲不破的眞理。至於對內不能有效的實行改革，對外不能採取主動，卽使採取主動，也沒有強勁的實力作後盾，在此不必細說。

宋代之弱還有其他原因，其一是自五代尤其石晉以來，喪失燕雲十六州，在國防上造成一大缺口。契丹騎兵得以長驅直入華北平原，威脅汴京。其二是契丹武力強盛，又和西夏互相聲援，自使宋人窮於應付。王安石稱爲「累世以來，夷狄人眾地大，未有如今契丹」[26]，並不過分。不過，宋人對外採取守勢，鞏固國防，亦有值得稱道之處：契丹和西夏在北宋時期始終沒有威脅到朝廷的生存。

上述宋代基本國策重內輕外，使君臣不願也無力對外採取積極的政策，安於保守的現狀，也影響到他們對漢唐武功的批評。他們認爲漢唐的擴張不足法，而遠引古代聖王的遺訓來支持他們的保守外交。司馬光說：「古聖王之治天下，必先內而後外，安近以服遠。」[27]

26 李燾，「續資治通鑑長編」（臺北：世界書局影印本），卷二三六，熙甯五年閏七月戊申條。參看陶晉生、王民信編，「李燾續資治通鑑長編宋遼關係史料輯錄」（臺北：中央研究院歷史語言研究所，民國六十三年），第二冊，頁六二九。

可視爲具有代表性的言論。另一方面，少數主張新政的人不自量力，最後孤注一擲，圖建邊功以光大新政，終於引狼入室，不可收拾。這是北宋保守與進取政策激盪之下招致的惡果。

27 司馬光，「〔溫國文正司馬公文集〕」（〔四部叢刊〕），卷五十七，「遺表」。

第二章　宋遼間的平等外交關係：澶淵盟約的締訂及其影響

一　宋以前契丹與中原的關係

在五代中，梁、唐、周和契丹維持對等關係，而晉與漢則爲契丹之藩屬。因爲耶律阿保機曾求後梁册封，故梁之地位尙在契丹之上[1]。耶律阿保機在繼任八部大人之前，已經於西元九〇五年與李克用結盟，對付朱溫。阿保機的主要目標，在奪取幽州。據中原的記載，阿保機且曾向後唐「貢良馬」[2]。李克用死後，李存勗取得幽州，後唐遂轉而與契丹站在對立的地位。

1 參考盧逮曾，「五代十國對遼的外交」，〔學術季刊〕三卷一期（一九五四），頁二十五——五十一。

2 同上，頁二十七。不過這是中原人的記載，與遼史不符。故「貢」之一字或出於華人之偏見。

耶律德光接受了石敬瑭的請求，干涉中原政局，並取得燕雲十六州。自此契丹以幽州爲經略中原的根據地。在石重貴聲言對契丹「稱孫不稱臣」後，耶律德光興師問罪，佔領汴京，滅晉（西元九四七年），並且正式建立大遼帝國。

不久，耶律德光退師，並於回國途中病死。劉知遠乘機收拾殘局，進駐汴京，建立漢朝。西元九四八年，劉知遠卒，子承祐立。契丹曾經與南唐議攻漢[3]。次年攻下貝州[4]。遼天祿五年（卽穆宗應歷元年，九五一），郭威弒承祐自立，國號周，並遣朱憲通知契丹。契丹亦遣使「致良馬」。後周建國之初，曾欲許契丹歲幣，以取得平等關係，而契丹不許[5]。周遣姚漢英、華昭胤至契丹，「以書辭抗禮」，使節爲契丹扣留。同時，漢劉崇自立於太原，卽北漢。劉崇爲周所攻，遣使向契丹稱姪，求援，且求册封。契丹遣燕王牒蠟（卽述軋），樞密使高勳册立劉崇爲大漢神武皇帝。同年夏，契丹世宗自將南侵後周，師未出而爲察割所弒[6]。穆宗立。

穆宗的對中原政策，比較保守，但是仍然維持扶植北漢的策略。值得注意的是，世宗被

3 〔遼史〕（仁壽本）卷五，天祿二年四月庚辰朔。
4 同上，三年十月。
5 盧逮曾，「五代十國對遼的外交」，頁三十五。
6 〔遼史〕卷五，五年。

弑後，「漢、周、南唐各遣使來弔。」[7] 次年（九五二），漢爲周所侵，遣使求援[8]。此後類似的記載很多。契丹也曾屢次出兵幫助北漢[9]。

〔遼史〕中凡遇對晉、漢、南唐及諸部落的外交關係，都寫「來貢」，惟有梁、唐及周則是「遣使來聘」[10]。可見這三朝是和契丹處於對等的地位。

周世宗對契丹發動攻勢，是在顯德六年（遼應歷九年，九五九），拔益津、瓦橋、淤口三關，陷瀛、莫二州。但是世宗未能進一步恢復燕雲，而於同年去世。總之，五代時期契丹與中原的外交關係，已經建立了若干爲宋所遵循的先例，即約爲兄弟，互遣聘使，及中原以歲幣贈送給契丹。

二　宋遼外交關係的建立及中斷

7 〔遼史〕卷六，應歷元年十一月。

8 同上，二年六月壬寅。

9 如四年（九五四）柴榮即位，攻漢。契丹命政事令耶律敵祿援之（卷六，四年二月丙午朔）。又有「來議軍事」的記載，如五年十二月辛巳，六年六月甲子。

10 參考盧逮曾，「五代十國對遼的外交」；契丹與周之例如〔遼史〕卷六，七年八月己未。

西元九六〇年（遼應歷十年），周殿前都點檢趙匡胤在一次出師抵禦契丹侵擾的行動中，被諸將黃袍加身，廢周自立，國號宋。宋太祖並沒有考慮到遣使契丹通知改朝換代的問題，與周朝建立時的情形不同。太祖的政策是先平定江南，再經營北邊。於是北漢以契丹爲援，有時誘契丹擾宋邊界，如宋乾德元年（遼應歷十三年，九六三）九月：

是月，北漢主誘契丹兵攻平晉軍。（宋）命洺州防禦使郭進、濮州防禦使張彥進、客省使曹彬、趙州刺史陳萬通，領步騎萬餘往救之，未至一舍，北漢引兵去[11]。

契丹亦有時侵擾宋的邊境，如宋建隆元年（九六〇），契丹入侵棣州，刺史何繼筠追破其衆，獲馬四百匹[12]。乾德元年（應歷十三年，九六三），宋欲城益津關，契丹以兵擾之[13]。

宋開寶二年（遼景宗保寧元年，九六九），太祖親征北漢，契丹分道來援，何繼筠大敗契丹於陽曲縣北，韓重贇亦破契丹於定州[14]。太原久不下，太祖納李光贊及趙普之言班師[15]。

11 李燾，「續資治通鑑長編」（以下簡稱「長編」）卷四，乾德元年九月，是月。
12 「長編」卷一，建隆元年四月丁丑。
13 「遼史」卷六，應歷十三年正月丙寅。卷七，十七年二月甲子有同樣行動。
14 「長編」卷十，開寶二年四月辛亥，五月戊寅。此事「遼史」不載。
15 「長編」卷十，二年閏五月己酉。

宋遼外交關係的建立，是在宋開寶七年（遼保寧六年，九七四）。雙方都指對方先發起建交。〔宋會要輯稿〕記載契丹涿州刺史耶律琮致宋權知雄州內園使孫全興書如下：

（耶律）琮濫受君恩，猥當邊任。臣無交於境外，言則非宜；事有利於國家，專之亦可。切思南北兩地，古今所同，曷常不世載歡盟，時通贄幣。往者晉氏後主，政出多門，惑彼強臣，忘我大義。干戈以之日用，生靈於是罹災。今玆兩朝，本無纖隙。若或交馳一介之使，顯布二君之心，用息疲民，重修舊好，長為與國，不亦休哉！……[16]

李燾〔續資治通鑑長編〕節錄此書，其末作：「用息疲民，長為鄰國，不亦休哉！」[17] 由耶律琮信裏「臣無交於境外，言則非宜；事有利於國家，專之亦可」看來，確為契丹地方官首先發起建交之舉[18]。

〔長編〕又記：

16 〔宋會要輯稿〕八，頁七六七三。

17 〔長編〕〔永樂大典〕卷一萬二千三百七，開寶七年十一月甲午。

18 聶崇岐認為「此議之動自遼，可能性較大。」看聶崇岐，「宋遼交聘考」，〔燕京學報〕第二十七期（一九四〇），頁二，註三。宋人認為契丹先請和之例，如錢若水在咸平三年上言，指出：「太祖臨御十七年間，未嘗令疆埸生事，故匈奴先遣使上書，乞和。」見〔長編〕卷四十六，頁十六上。

辛丑，全興以琮書來上。上命全興答書，並修好焉[19]。

〔遼史〕的記載比較簡單，但是時間則在宋人記載之前：

三月，宋遣使請和，以涿州刺史耶律昌朮加侍中，與宋議和[20]。

同年末，宋遣使賀契丹次年正旦[21]。似乎宋對契丹頗有意修好。開寶八年（九七五）三月，契丹遣使克妙骨愼思，「奉書來聘」。太祖遣官迎接、召見、賜宴，並且請遼使觀騎射。太祖對宰臣說：

自五代以來，北戎彊盛，蓋由中原衰弱，遂至晉帝蒙塵。亦否之極也。今景慕而至，乃時運使然，非凉德能致[22]。

同年七月，遣西上閤門使郝崇信，太常丞呂端出使契丹[23]。自此建立賀正旦[24]和賀生辰

19 〔長編〕〔永樂大典〕卷一二三〇七，十一月辛丑。

20 〔遼史〕卷八，保寧六年三月，耶律昌朮據傅樂煥，「宋遼聘使表稿」，〔歷史語言研究所集刊〕第十四本（一九四九），頁五九，卽耶律合住。〔遼史〕卷八十六有傳。云：「宋數遣人結歡，合住表聞，帝許議和。」

21 〔遼史〕卷八，保寧七年正月甲戌朔。

22 〔長編〕〔大典〕卷一二三〇七，八年三月己亥。〔宋會要輯稿〕八，頁七六七三，開寶八年三月二十六日、二十八日、二十九日、三十日等條較長編詳細。太祖之語與〔長編〕所載略有不同：「自晉漢以來，北戎強盛，蓋由中朝無主，以至晉帝蒙塵，乃否之極也。今慕化而來，亦由時運，非凉德所致。」

23 同上，七月庚辰。

24 傅樂煥，「宋遼聘使表稿」，頁五九。

的禮節[25]。

太祖崩，太宗立。（九七六）宋遣使告契丹，契丹亦遣使弔慰。契丹又遣使賀登極及賀次年正旦。宋並遣使「致其先帝遺物」[26]。

太宗太平興國四年（遼乾亨元年，九七九），太宗親征北漢。契丹遣撻馬長壽使宋，問興師伐劉繼元之故。宋人記載，則爲契丹尚書耶律伊埒摩哩奉書問起居[27]。自此雙方和平結束，直至澶淵之盟（一〇〇四——五），二十五年間，兩國互不通使臣。但〔遼史〕有宋三次遣使請和的記載。而遼聖宗不許和[28]。

宋與契丹的貿易開始於太祖時代，至太宗太平興國二年（九七七），纔正式在鎮州、易州、雄州、霸州和滄州置榷務，以犀象香藥及茶與契丹貿易[29]。契丹雖不願宋人市馬[30]，但

---

25 傅樂煥，「宋遼聘使表稿」，頁六〇，宋太祖及遼景宗生日分別為長春節及天清節。宋太宗為乾明節。參看聶崇岐，「宋遼交聘考」。

26 以上據傅樂煥，「宋遼聘使表稿」，頁六〇。

27 同上。

28 同上，乾亨四年（九八二）十二月辛酉，統和十二年八月乙酉，九月辛酉共三次。

29 〔長編〕卷十八，頁九。

30 〔長編〕卷二十一，頁九。

宋人仍然有時在北方買馬[31]。

遼宋的外交關係雖然由於九七九年宋發動對遼戰爭而斷絕，但是貿易關係仍然時斷時續（總共有五次，直至澶淵之盟）[32] 宋對遼的貿易可說是緩和邊寇的一種手段，但是以斷絕貿易關係來制裁遼朝則不大成功，因爲宋遼間沒有很清楚而易於隔絕的國界。

兩國間雖無外交關係，但是雙方對於邊界上時常發生的糾紛，仍有約束。太平興國七年（九八二）十月，太宗詔北邊州軍：

今聞邊境謐寧，田秋豐稔，軍民等所宜安懷，無或相侵。如今輒入北界剽略及竊盜，所屬州軍收捉重斷。所盜得物，並送還北界[33]。

三 澶淵之盟與宋遼間的長期和平關係

31 〔長編〕四十四，頁十五。市馬於此年停止。

32 田村實造，〔中國征服王朝の研究〕，上，頁二三八。

33 〔宋會要輯稿〕八，頁七六七七，〔長編〕卷二十三，十月辛酉：「上初以契丹渝盟，來援太原，遂親征范陽，欲收中國舊地。既而兵連不解，議者多請息民。」癸亥：「詔緣邊諸州軍縣鎮等，各務守境力田，無得闌出邊關，侵擾帳族及奪略畜產。所在嚴加偵邏，違者重論其罪。獲羊馬生口，並送於塞外。」

宋眞宗即位後，曾欲與契丹恢復外交關係，而未發動[34]。直到眞宗景德元年（一〇〇四），遼聖宗南侵，宋眞宗從寇準之議親征，雙方在澶淵對峙，經過宋降將王繼忠從中斡旋，曹利用的交涉，於次年成立澶淵誓書（卽澶淵盟約）。宋人雖然損失了每年的歲幣銀十萬兩，絹二十萬匹，但是也換來了長期的和平。從此直到北宋末年的聯金滅遼，宋遼之間一直能够維持和平的關係。這段時期內的重要外交交涉有西元一〇四二年的增幣交涉，將輸遼歲幣增加二十萬；一〇四二至一〇四四年的宋遼夏交涉；和一〇七四至一〇七五年的邊界談判。據統計，在一百六十五年中，宋遼和平期間共一百二十二年，而失和時期僅有四十三年[35]。澶淵盟約旣爲宋遼外交關係的基礎，下文要試圖加以分析。

一　條約（誓書）的規定

宋眞宗朝及其後宋遼間的外交關係，是以澶淵盟約爲基礎[36]。澶淵誓書的內容，有以下

34 「長編」卷五十七，景德元年閏九月乙亥（頁十五下——十六上）：上謂輔臣曰：「朕念往昔全盛之世，亦以和戎為利。朕初即位，呂端等建議，欲因太宗上僊，命使告訃。次則何承矩請因轉戰之後，達意邊臣。朕以為誠未交通，不可強致。又念自古獯鬻為中原強敵，非懷之以至德，威之以大兵，則獷悍之性，豈能柔服？……」「宋會要輯稿」八、頁七六八六略同。

35 聶崇歧，「宋遼交聘考」，頁四。

36 宋金間的條約也以宋遼間的條約為依據。看 Herbert Franke, "Treaties between Sung and Chin," *Études Song* (Paris: Mouton 1970) pp. 54-84. 。關於澶淵盟約締訂的研究，論文甚多，故本文不擬多贅。

幾種規定：

1.友好關係的建立和歲幣的交割

共遵成信，虔奉歡盟。以風土之宜，助軍旅之費；每歲以絹二十萬匹，銀一十萬兩，更不差臣專往北朝，只令三司差人般送至雄州交割。

2.疆界的規定

沿邊州軍，各守疆界。兩地人戶，不得交侵。

3.互不容納叛亡

或有盜賊逋逃，彼此無令停匿。

4.互不騷擾田土及農作物

至於隴畝稼穡，南北勿縱驚騷。

5.互不增加邊防設備

所有兩朝城池，並可依舊存守。淘濠完葺，一切如常。卽不得創築城隍，開拔河道。

6.條約以宣誓結束

誓書之外，各無所求。必務協同，庶存悠久。自此保安黎獻，愼守封陲。質於天地神祇，告於宗廟社稷。子孫共守，傳之無窮。有渝此盟，不克享國。昭昭天監，當共殛之。遠具披陳，專俟報復，不宣[37]。

契丹誓書與宋誓書內容大致相同[38]。這一條約在一〇四二年的「關南誓書」中略有修改。歲幣增至五十萬兩匹（銀二十萬，絹三十萬），歲幣稱「納」（別納金幣）。關南誓書中對於溏淀，雙方沿邊守軍和逃人有較前約更仔細的規定。

澶淵盟約中除了宋對契丹的贈與歲幣外，其他的規定都是互相有效的，如「兩地人戶，不得交侵。」「或有盜賊逋逃，彼此無令停匿。」「隴畝稼穡，南北勿縱驚騷。」

在澶淵誓書中沒有提到的事很多，如兩國成爲兄弟之邦（至關南誓書中纔有明白的兄弟稱呼）、禮節、貿易、和移牒關報等。其中兩件事特別與兩國間的平等關係有關，第一件是兩國君主約爲兄弟。但此事不載於誓書。在雙方議定宋贈與契丹歲幣之後，契丹遣王繼忠見曹利用，言：「南北通和，實爲美事。國主年少，願兄弟南朝。」[39]〔遼史〕亦載：「（十二月）戊子，宋遣李繼昌請和，以太后爲叔母，願歲輸銀十萬兩，絹二十萬匹。許之。」[40]「遼聖宗哀册文」云：「彼方危於累卵，乃命使軺，疊伸誠款，懇求繼好，乞効刑牲，貢奉金

37 全文見〔長編〕卷五十八，景德元年十二月辛丑。
38 全文見〔長編〕及〔契丹國志〕（四朝別史）卷二十。
39 〔長編〕卷五十八，景德元年十二月癸未（頁十六上）。
40 〔遼史〕卷十四，〔宋史〕「眞宗本紀」不載此事。

帛，助贍甲兵。尊聖善而庶稱兒姪，敦友愛而願作弟兄。保始終之悠久，著信誓於丹青。」[41]可見當時已經建立兄弟關係，及尊契丹太后爲叔母。宋仁宗慶曆二年（一〇四二）契丹「國書」載：「弟大契丹皇帝謹致書兄大宋皇帝。」[42]是「國書」上明確的兄弟關係的記載。治平二年司馬光上英宗之奏，回顧宋遼關係，卽指出「眞宗皇帝親與契丹約爲兄弟。」[43]

自宋眞宗與遼聖宗約爲兄弟以後，兩朝卽爲兄弟之邦。但是宋遼皇帝間的關係，並非每朝都是宋帝爲兄，遼帝爲弟。親戚關係，是從眞宗時期開始推算，其後各帝與遼帝的關係如下[44]：

宋帝（生卒年）	稱謂	遼帝（生卒年）	稱謂
眞宗（九六八——一〇二二）	兄	聖宗（九七一——一〇三一）	弟
仁宗（一〇一一——一〇六三）	姪	聖宗	叔

41 孟森，「遼碑九種跋尾」，「國學季刊」第三卷第三號（一九三二），三九八；參看田村實造，「中國征服王朝の研究」上（京都，一九六四）頁一九三，註九。

42 「長編」卷一三五（「永樂大典」卷一萬二千三百九十九），慶曆二年三月乙巳（頁八下）。

43 趙汝愚，「宋名臣奏議」（「四庫全書」珍本二集），卷一三六，頁十五上。

44 參考聶崇岐，「宋遼交聘考」，頁一一二——一一三。

宋			遼		
仁宗	—	兄	興宗	（一〇一一—一〇五五）	弟
仁宗		伯	道宗	（一〇三二—一一〇一）	姪
英宗	（一〇三二—一〇六七）	兄	道宗		弟
神宗	（一〇四八—一〇八五）	姪	道宗		叔
哲宗	（一〇七六—一一〇〇）	姪孫	道宗		叔祖
哲宗		兄	天祚帝	（一〇八五—一一二八）	弟
徽宗	（一〇八二—一一三五）	兄	天祚帝		弟

宋帝爲兄之時頗多，實因同輩中宋帝年齒較遼帝爲長之故，並非眞宗以歲幣換得較高的地位[45]。兩國皇帝間的關係，自亦影響到國際關係。遼道宗爲宋哲宗之叔祖，故元符二年（一〇九九）遼朝遣泛使蕭德崇、李儼請宋朝勿伐西夏，「國書」內有「遼之于宋，情重祖孫」語[46]。

除兩朝皇帝外，皇后、皇太后或太皇太后亦有通問的情形。遼聖宗在位大部分時間，由太后掌握實權。宋眞宗尊太后爲叔母。眞宗卒，仁宗立，爲遼聖宗之姪。皇太后臨朝，爲聖

45 參考聶崇岐文。Herbert Franke 認爲遼帝尊宋帝爲兄，宋方獲得較尊地位 (slight superiority)。看：“Treaties between Sung and Chin”, 65.

46 〔宋會要輯稿〕八，頁七七〇六——七七〇七。

宗之嫂。聖宗遣使賀皇太后正旦及生辰，皇太后則賀聖宗后蕭氏正旦及生辰[47]。興宗立，與宋仁宗復爲弟兄。興宗卒，道宗立，興宗皇后臨朝，爲仁宗弟婦。按宋人記載，叔嫂不通問[48]。實際上宋帝仍致書於契丹國母[49]。哲宗時，宣仁太后高氏（哲宗祖母）臨朝，契丹沿襲道宗初年之例，仍然遣使賀太皇太后正旦及生辰[50]。太皇太后亦報以賀遼帝正旦及生辰。綜上所述，雖然當時有叔嫂不通問的原則，但是在太后臨朝時，則另當別論。

兩國帝后去世，對方皆發哀，輟朝，或禁音樂。茲舉二例如下：

1. 宋眞宗去世後遼聖宗的措施

契丹主聞眞宗崩，集蕃漢大臣，舉哀號慟。因謂其宰相呂德懋曰：與南朝約爲兄弟，垂二十年。忽報登遐，吾雖少兩歲，顧餘生幾何？因復大慟。又曰：聞皇嗣尚

---

47 葉夢得，「石林燕語」（觀古堂彙刻書第一集）卷二，頁三下：「契丹旣修兄弟之好，仁宗初，隆緖在位，於仁宗爲伯。故明肅太后臨朝，生辰正旦，虜皆遣使致書太后，本朝亦遣使報之，猶娣婦通書於伯母無嫌也。」

48 葉夢得，「石林燕語」卷二，頁三下：「至和二年，宗眞（興宗）卒，洪基（道宗）嗣位。宗眞妻臨朝，則仁宗之弟婦也。與隆緖時異。衆議每遣使，但致書洪基，使專達禮意。其報亦如之。最爲得體。」參考聶崇岐，「宋遼交聘考」，頁一三——一四，註45。

49 傅樂煥，「宋遼聘使表稿」，頁七六。

50 「石林燕語」卷二，頁三下：「元祐初，宣仁臨朝，洪基亦英宗之弟，因用至和故事。」然太皇太后仍遣使致書於道宗。看傅樂煥，「宋遼聘使表稿」，頁八四。

少，恐未能通好，始末苟爲臣下所間，奈何？及薛貽廓至，具道朝廷之意。契丹主喜，謂其妻蕭氏曰：汝可致書大宋皇太后，使汝名傳中國。乃設眞宗靈御於范陽憫忠等寺，建道場百日。下令國中諸犯眞宗諱，悉易之。差殿前都點檢崇義節度使耶律僧隱，翰林學士工部侍郎知制誥馬貽謀來祭奠。右金吾衛上將軍耶律甯，引進使姚居信來弔慰。左金吾衛上將軍蕭日新，利州觀察使馮延休來弔慰皇太后[51]。

2. 遼聖宗去世後宋仁宗之詔

（至和元年八月）二十六日，詔：北朝差告哀使耶律元亨赴闕，朕以大契丹文成皇帝講修前世之好，繼息兩朝之民，信幣交持，使軺相聘，憧憧道路，垂五十年。睦然兄弟之情，確乎金石之固。忽聆哀訃，良用震懷。爰申感慘之深，以示敦和之至。宜特輟視朝七日，兼禁在京音樂七日，以輟朝日爲始。其河北河東緣邊州軍亦禁樂七日。仍擇日舉哀成服。禮官具儀，帝成服於內東門幕殿[52]。

第二件事是兩國間互相的稱呼，從此常用「南北朝」。通和之初，雙方交換的國書，據說是將「南北朝」冠於國號之上。當時將作監王曾言：「是與之亢立，失孰甚焉。願如其國

51 〔長編〕卷九十八，乾興元年六月乙巳（頁十二）。
52 〔宋會要輯稿〕八，頁七七〇〇——七七〇一。

號契丹足矣。」眞宗嘉納，但此事已成爲既成事實，不能再改。然李燾曾經指出當時景德誓書載：「大宋皇帝謹致書於大契丹皇帝闕下」，「俱不稱南北朝，不知王曾何故云事已行不果改，當考[53]。」

景德誓書中已經有「南北朝」的用語，則是事實，如「更不差臣專往北朝」，及「隴畝稼穡，南北勿縱驚騷。所有兩朝城池，並可依舊存守。」後者的「南北」即指「兩朝[54]」。其實南北朝的稱呼，在誓書之前雖不見於雙方來往的文字，卻已經是交涉中口頭上常用之詞。如澶淵盟約以前的交涉，契丹令王繼忠具奏求和好，且言：「北朝頓兵不敢刼掠以待王人。」又具奏，「請自澶州別遣使者至北朝，免至緩誤[55]。」曹利用見契丹人，即言：「北朝既興師尋盟，若歲希南朝金帛之資，以助軍旅，則猶可議也[56]。」

澶淵盟約之後，眞宗崩，契丹主舉哀，對宰相呂德懋說：「與南朝約爲兄弟，垂二十年，忽報登遐[57]。」天聖四年（一〇二六），韓億爲契丹妻生辰使，仁宗詔：「億名犯北朝

53 〔長編〕卷五十八，景德元年十二月辛丑（頁二十二下至二十三上）。
54 同上，小註。
55 〔長編〕卷五十八，景德元年十一月庚午（頁九下）。
56 同上，十二月癸未（頁十五下）。
57 〔長編〕卷九十八，乾興元年六月乙巳（頁十二下）。

諱，權改曰意」。億又對契丹伴使說：「本朝每遣使，太后必於簾前以此語戒敕之，非欲達於北朝也[58]。」這些都是「南北朝」的稱呼已成為習慣用語的例子。

值得注意的是王曾「是與之亢立，失孰甚焉」之語。可見南北朝的稱呼是平等的，而有些宋人覺得是一個大失策，無論如何，當這種稱呼成為習慣後，大家也就覺得很自然了。

關南誓書中仍有南北朝的稱呼[59]。仁宗皇祐四年(一〇五二)，契丹遣使賀宋帝乾元節，其國書上無國號，而稱南北朝。欲宋廷復書亦稱南北朝，為宋所拒。後來契丹國書，仍稱大契丹、大宋[60]。

二　條約未規定的事項

1. 榷場貿易和掌管對遼交涉的機構

條約中雖然沒有關於貿易的規定，但是即使在宋遼交戰期間，貿易仍然進行。景德二

58 〔長編〕卷一〇四，天聖四年七月乙丑（頁十三上下）。

59 〔長編〕〔永樂大典〕卷一萬二千四百，頁九——十。

60 〔長編〕卷一七二，皇祐四年四月丙戌（頁十一）；〔宋會要輯稿〕八，頁七七〇〇：「皇祐四年五月，詔學士院：自今答契丹書仍舊稱大宋，大契丹。初，契丹賀乾元節，書至，乃去其國號，止稱南朝北朝。下兩制台諫官議，而以為自先帝講和以來，國書有定式，不可輕許之。其後復有書，乃稱契丹如故。」

年二月，眞宗下令於雄州、覇州和安肅軍復置榷場。並且移牒北界，請其勿在其他處所貿易[61]。雙方對貿易都有很多的限制，如禁止錦綺綾帛及書籍等物的交易[62]。由於在貿易關係中一方對另一方並沒有進貢，所以這種貿易關係是平等的[63]。

北宋在對契丹用兵時，凡有機密，由設立在雄州的機宜司掌管。與契丹建立和平關係後，於景德三年十二月，改機宜司爲國信司[64]。景德四年八月，又置管勾往來國信司於中央，屬於入內內侍省。後來又改爲國信所。神宗時的邊界交涉，就是在國信所內辦理[65]，並

61 〔長編〕卷五十九，景德二年二月辛巳。

62 〔長編〕卷五十九，景德二年三月戊辰及卷六十四，景德三年九月壬子。關於榷場貿易的詳細情形，參考田村實造，〔中國征服王朝の研究〕，頁二三七——二四八。

63 看畑地正憲著，鄭樑生譯，「北宋與遼的貿易及其歲贈」，〔食貨月刊〕復刊第四卷第九期（一九七四），四〇〇——四一五；原文載〔史淵〕第百十一輯（一九七四）。

64 〔長編〕卷六十四，十二月戊子（頁十二下）。

65 〔長編〕卷六十六，景德四年八月己亥。〔宋史〕卷七「眞宗紀」不載。〔宋史〕卷一六六，「職官志」，入內內侍省條有管勾往來國信所。置管勾官二人，以都知押班充，「掌契丹使介交聘之事。」卷一六二，樞密院條載，神宗將樞密院舊有四房改為十二，其中北面房「掌行河北河東路吏卒，北界邊防國信事。」神宗時期宋、遼間邊界交涉卽在國信所辦理，見〔長編〕卷二五六熙寧七年（一〇七四）九月戊申條（頁六下——七上）。參看Herbert Franke, "Diplomatic Missions of the Sung State, 960-1276," Presented as a Public Lecture of the Australian National University on 25 March 1981. ANU Press Canberra, Australia, 1981, pp. 2-3.

且由國信所提供外交禮節方面的慣例，作爲交涉的依據。元符二年（一〇九九）已經有了新編的「國信敕令儀制」[66]，及「國信條例」[67]。除國信往來以外，又有沿邊地方機關與契丹之間互相移文和移牒，茲舉數例如下：

> 咸平五年四月癸巳，契丹新城都監种堅移文境上，求復置榷場[68]。
>
> 景德三年八月癸酉，契丹移文北平寨捕爲盜者。寨遣人與俱往……[69]。
>
> 天聖二年二月丁亥，詔：雄、霸、保州、廣信、安肅軍，皆被邊之地，與契丹移文往還。其幕職官並選進士出身人[70]。

以上咸平五年的移文，是在景德誓書之前，可見盟約成立後的移文是根據過去的慣例。

兩朝國內有大事，或征討他國，都要遣使互相通知。眞宗封禪泰山，遣孫奭通知契丹，契丹遣人至界河交換國信[71]。契丹征高麗，亦遣使通知宋廷[72]。

---

66 〔長編〕卷五一一，元符二年六月己丑（頁十下）。

67 〔長編〕卷五一六，元符二年閏九月乙亥（頁七下）。

68 〔長編〕卷五十一，頁十九下。

69 〔長編〕卷六十三，景德三年八月癸酉。

70 〔長編〕卷一〇二，天聖二年二月丁亥。

71 〔宋會要輯稿〕八，頁七六九二—七六九三，又眞宗親祀汾陰，亦通知契丹，〔宋會要輯稿〕八，頁七六九五。

72 〔宋會要輯稿〕八，頁七六九四。

2.避諱與改地名

宋遼間有互相避皇帝諱的情形。乾興元年（一〇二二）眞宗崩，契丹主得到了這個消息，設眞宗靈御於范陽憫忠等寺，建道場百日。下令「國中諸犯眞宗諱，悉易之。」哲宗時，瀛州通判徐興宗名與遼興宗廟號相同，宋廷命其改易，並且以後援例[73]。

澶淵之盟後，眞宗立即下令將河北沿邊有「戎」、「虜」字樣的地名，更改爲較典雅的名稱[74]。不過後來又改平州爲高州，故意表示中國的地位稍高於契丹[75]。

三　使臣的選派與禮儀

澶淵盟約成立後第一次使節的往來，是景德二年（一〇〇五）二月（癸卯）宋朝派開封府推官太子中允直集賢院孫僅爲契丹國母生辰使，右侍禁閤門祇候康宗元爲副使。從此所派使節都是文武官各一，而以文官爲正使[76]。隨從人員、僕人、及應用物品，都由政府供給。

73 〔長編〕卷九十八，乾興元年六月乙巳（頁十二下）。〔宋會要輯稿〕八，頁七七〇六；時在紹聖元年（一〇九四）。

74 〔長編〕卷五十八，景德元年十二月甲辰：「改威虜軍曰廣信，靜戎曰安肅，破虜曰信安，平戎曰保定，寧邊曰永定，定遠曰永靜，定羌曰保德，平虜城曰肅寧。」

75 〔長編〕卷八十八，大中祥符九年十月丙子（頁九下）。

76 參看聶崇岐，「宋遼交聘考」，頁七。

應行禮節，則考究過去的先例，加以修改。除致送國書外，另有國書問候契丹國主。

孫僅等進入契丹國境後，受到很週到的款待。地方刺史都前來歡迎，父老在馬前獻酒，百姓在路旁焚香，供應茶水。沿途食物，用金器盛漢食，木器置蕃食。百姓不得將食物賣給使人，違者處斬。

契丹國主每年在含涼淀避暑（這是聖宗時代的情形），這一年特別到幽州接見使臣。以宴會來迎接宋使，備有音樂。宋使回國時，契丹皇帝贈送禮物，衣服和馬五百餘匹。禮儀凡有不合適的，孫僅都罷去。以後出使，大都遵循孫僅所立的體制[77]。

契丹在澶淵盟約後第一次遣使耶律留寧、劉經等到宋廷，宋人也制定了一套適當的禮儀，如契丹使以戎禮見，燕人以華禮見[78]。允其佩刀，並且給予契丹使臣很豐富的賞賜：

> 知雄州何承矩言：將來契丹使入界，欲令暫駐新城，俟接伴使至，迎於界首。從之。承矩又言：使命始通，待遇之禮，宜得折中，庶可久行。乃悉條上。手詔嘉納。仍聽事有未盡者，便宜裁處。凡契丹使及境，遣常參官內職各一人假少卿監諸司使以上接伴。內諸司供帳分爲三番，內臣主之。至白溝驛賜設。至貝州賜茶藥各

77 孫僅出使的經過，見〔長編〕卷五十九，景德二年二月癸卯（頁十一上下）；〔宋會要輯稿〕八，頁七六八九。

78 〔宋會要輯稿〕八，頁七六九〇：「對于崇德殿。留寧、妾演戎人也，以戎禮見；……經、肅燕人也，以華禮見。」

一銀合。至大名府又賜設。及畿境，遣開封府判官勞之；又命臺省官、諸司使館伴，迓於班荊館。至都亭驛，各賜金花銀灌器錦衾褥。朝見日，賜大使……又命節帥就玉津園伴射弓，賜來使……在館遇節序，則遣近臣賜設。辭日，長春殿賜酒五行。……又令近臣餞於班荊館，開封府推官餞於郊外。接伴副使復爲送伴，沿路累從設[79]。

雙方互派使節，是以賓主相待。熙甯七年（一〇七四）遼使蕭素官階高，想改易慣例，即爲宋人所拒：

初，（蕭）素以平章事，欲正南面坐，自云：北朝使相有此廟坐儀，餘乃序官坐，仍欲以墩分高下。（劉）忱等皆不從，移文詰難，自七月至于是月（九月）。事聞，乃得國信所言：至和元年（一〇五四），國信使蕭德帶平章事，與館接使行馬坐次，皆分賓主，以報。素、穎乃不敢爭[80]。

從這個例子可以窺見對等禮儀的細節是如何謹愼的安排，一絲一毫都不能違反平等的外交慣例。

---

79 〔長編〕卷六十，景德二年五月乙亥（頁九上——十上）。
80 〔長編〕卷二五六，熙甯七年九月戊申（頁六下）。

雙方正旦使都在朝廷上與羣臣一起稱賀[81]。契丹使可以不著宋朝服[82]。正旦使之外，惟一的正式使節是賀生辰使。雙方皇帝和皇太后去世，都互相遣使告哀，並遣使祭弔[83]。同時朝廷亦爲對方皇帝發哀[84]。以後又互贈遺物[85]。此外，沒有要緊的事並不隨便派遣使臣。遇有重要的事需要交涉，就派遣所謂「泛使」。關於泛使的資料，在神宗時期的所謂「棄地」交涉中最爲豐富。當時契丹使臣蕭禧與宋臣韓縝等在汴京折衝，蕭禧逗留了差不多一個月。這是很不尋常的情形，引起宋方君臣的不安，因爲平常的使者留京不過十日而已[86]。由此可見在中國並沒有長期派遣使節駐留在外國京城的想法。

契丹派遣使宋的使節，與上述的相對應。惟因太后在契丹有特殊的地位（尤其是聖宗時

---

81 〔長編〕卷六十二，景德三年正月甲辰朔（頁一上），關於契丹使朝見的禮節，看蔡絛，〔鐵圍山叢談〕（〔學海類編〕）卷三。宋使見契丹主的禮儀，看〔遼史〕卷五十。以上並參考聶崇岐，「宋遼交聘考」，頁三六——四五。

82 〔宋會要輯稿〕八，頁七六九一：「景德三年十二月，是月，契丹使蕭漢甯至。時元日會朝賀，漢甯自言不習漢儀，願不給朝服。副使吳克昌等亦言，與大使同敘班，難衣朝服。詔聽自便。」〔長編〕卷六十四，十二月甲午條，契丹使為蕭和尼，耶律留甯；副使吳克昌，王式。

83 〔長編〕卷六十五，景德四年四月乙酉（頁十下）。

84 〔長編〕卷七十二，大中祥符二年十二月癸卯（頁二十下——二十一上）。

85 〔長編〕卷七十四，大中祥符三年九月丙戌（頁八上）。

86 〔長編〕卷二六二，頁六下。

期），所以宋廷派遣賀契丹國母的使節較多，而契丹賀宋皇太后的使節則較少[87]。對於使臣的招待，有酒宴、音樂、和觀賞戲劇。宴會中的餘興節目，包括射箭的比賽[88]。太祖還曾經與契丹使臣出獵於近郊[89]，但是眞宗以後沒有這類的記載。契丹使臣到了宋廷，還帶了蕃食供宋帝享用[90]。

最後應提到北宋掌禮儀的機構，在元豐五年（一〇八二）之前一度屬於主客。但元豐五年，神宗詔：「遼人不可禮同諸蕃，付主客掌之，非是。可還隸樞密院。」[91]這裏尤其可以證明契丹在宋人心目中的地位遠高於其他邊疆民族。

四　澶淵盟約對於宋遼的影響

澶淵盟約是中國傳統外交史上一件劃時代的大事。這個盟約確保了宋遼之間的和平關

87 參考聶崇岐，「宋遼交聘考」，頁四——五。
88 〔長編〕卷七十二，頁八；聶崇岐，「宋遼交聘考」，三五。
89 〔永樂大典〕卷一萬二千三百七，頁十一，太祖開寶八年八月壬戌。
90 〔宋會要輯稿〕八，頁七六九二，景德四年十一月。
91 〔宋會要輯稿〕八，頁七七〇六。

係，直至北宋末年。由於北宋獲致了長期的和平，宋朝朝野人士因而能夠從事內部的建設，學術、思想、文化甚至科學技術都能大放異彩。這些成就不能否認是和宋遼長期的和平相處有直接或間接的關係的。

澶淵盟約不僅維持了宋遼間的和平關係，而且這一和平關係是建立在對等和友好的基礎上的。能夠體認到宋遼必需維持和平、對等和友好的關係，如下文（第五章）所示，是宋人實事求是精神的重要表現。宋遼間的對等外交，是中國外交史上一個重要的課題，因爲它和過去以及後來一廂情願的「朝貢制度」大相逕庭。這種關係至少說明中國人不是不能與外族平等相處的。它也說明了傳統中外關係是具有彈性的，隨著國際情勢的轉變而適應，而非一成不變的。

宋遼間的和平與平等的關係，對於雙方在經濟方面有很大的益處。就遼朝而言，從宋朝獲得的歲幣，幫助了財政，並且直接提供了新建遼中京城的經費[92]。透過了貿易關係，遼朝取得了很多日用必需品。甚至在宋夏交惡期間，遼人可以將宋的貨物轉售給夏，從中獲得厚利。例如北宋的絹經過契丹轉賣給夏人，契丹可獲兩三倍的利潤[93]。

92 參看第三章。
93 同上。

就宋朝而言，歲幣雖然是一項負擔，但是較交戰時的軍費，不過百分之一、二，如西元一〇〇八年，王旦對眞宗說：

> 國家納契丹和好已來，河朔生靈方獲安堵。雖每歲贈遺，較於用兵之費，不及百分之一……[94]。

後來富弼也於一〇四四年所上「河北守禦十二策」中指出當澶淵之役時：

> ……敵驕深入，直抵澶淵。河朔大擾，乘輿北幸。於是講金帛啗之之術，以結歡好。自此河湟百姓，幾四十年不識干戈。歲遺差優，然不足以當用兵之費百一二焉。則知澶淵之盟，未爲失策[95]。

根據日本學者日野開三郎等的研究，宋朝絹的產量很大，每年付給遼的三十萬匹絹，祇相當於東南越州一地的年產量。至於銀的產量則很小，因此每年付給契丹的二十萬兩銀子，造成財政上的一個問題。不過，透過官方對遼的榷場貿易的經營，宋朝政府每年對契丹貿易上的出超，可以收回付出銀兩的十分之五、六[96]。

但是澶淵盟約對於北宋卻不是祇有好處，沒有壞處。事實上，澶淵盟約顯示的苟安、

---

94 〔長編〕卷七十，大中祥符元年十一月癸未條。〔長編史料輯錄〕，頁二八八。

95 〔長編〕卷一五〇，慶曆四年六月戊午。〔長編史料輯錄〕，頁四五九。

96 參看第三章。

買和的心態，久而久之，對於北宋朝野具有相當不利的影響。上引富弼的「河北守禦十二策」，在論及澶淵之役未爲失策之後，緊接着說：

所可痛者，當國大臣論和之後，武備皆廢。以邊臣用心者，謂之引惹生事；以縉紳慮患者，謂之迂濶背時。大率忌人談兵，幸時無事，謂敵不敢背約，謂邊不必預防，謂世常安，謂兵永息。恬然自處，都不爲憂[97]……。

范仲淹也說：「人人懷安，不復有征戰之議。」蘇東坡強調澶淵盟約是「最下之策」，「二虜之大憂未去，則天下之治終不可爲也。」[98] 兩宋與外患相終始，而最後爲蒙元所滅，學者多歸咎於宋初不能振作起來解決遼夏威脅的大問題。不過，外交政策是與宋朝立國的「強幹弱枝」國策息息相關的。我們倒不能單獨責怪宋朝外交政策的不當。

五　結論

宋遼之間外交關係的重要慣例，如使節的交聘，親屬關係的建立，和贈送歲幣，都淵源

97 「長編」卷一五〇，慶曆四年六月戊午，「長編史料輯錄」，頁四五九。
98 參看第五章，註91及93。

於五代。雖然宋太宗努力於「攘夷」的大業，其結果卻是屢次挫敗。宋眞宗與契丹簽訂澶淵盟約，明確樹立了兩朝間的平等關係，成爲此後宋遼平等外交和長期和平的基礎。此一條約，又在關南誓書中修訂。

宋遼間的平等外交關係的具體事實，第一是君主間的親屬關係的建立。宋眞宗與遼聖宗約爲兄弟，並尊稱遼太后爲叔母，是此後親屬關係繼續存在的根據，其中並沒有一方較對方爲優越的含意。第二是「南北朝」的稱呼。這種稱呼除在條約中存在外，此後的國書和官書中亦有頗多記載。第三是兩朝平等的外交禮節。這些禮節，包括對於對方使節的待遇，和禮物的交換，都經過細心的安排，而不令任何一方感到屈辱。第四是兩國間的貿易關係並非朝貢貿易，而是平等的在榷場交易。

澶淵盟約的締結，奠定了宋遼間長期和平的基礎，對於兩國文化和經濟的發展，都很有幫助。但是長期和平也帶給北宋朝野人士一種不重進取的苟安心理。

第三章　遼的對宋政策與貿易

遼朝在建國之初，就接受了中國的政治理想。神册元年（九一六），太祖與大臣有這樣的討論：

太祖問侍臣曰：受命之君，當事天敬神。有大功德者，朕欲祀之，何先？皆以佛對。太祖曰：佛非中國教。（義宗）倍曰：孔子大聖，萬世所尊，宜先。太祖大悅，卽建孔子廟。詔皇太子春秋釋奠[1]。

三年五月，又詔建孔子廟、佛寺、道觀。太祖開國，大量起用漢人制定典章制度，如韓延徽，〔遼史〕載：「太祖初元，庶事草創，凡營都邑，建宮殿，正君臣，定名分，法度井井，延

1 〔遼史〕卷七十二「義宗倍傳」。

徽力也[2]。」又如韓知古：「時儀法疏濶，知古援據故典，參酌國俗，與漢儀雜就之，使國人易知而行[3]。」不過韓知古所創的制度並非純粹的採用漢制，而是把漢制和契丹原有的儀制雜揉在一起，適合當時的需要。

太祖雖然重用漢臣，採取漢制，並且大量招徠漢農民移居契丹境內，助其開發。但是也頗重視維護契丹原來的習俗。契丹建國以後，其部族大都仍以畜牧維生。這種農耕和畜牧兩種方式並存，並且反映在政治和社會組織上。契丹的政治組織，是所謂「兩元政治」制度。也就是以契丹人的制度來管理契丹部族，而以漢人的政治制度來統治漢人。其官員號稱「北面官」和「南面官」。宋人記載契丹使人對南唐人說：「蕃不治漢，漢不治蕃，蕃漢不同治，自古而然[4]。」

對於中原的政權，太祖似尚未準備加以併吞。事實上太祖一直想控制幽州（今北平）以干涉中原事務，但是直到他死都未能得逞。他經營幽州既遭挫折，遂轉而進行併滅渤海國的戰爭（九二五至九二六年），在渤海舊疆建東丹國，以長子突欲（倍）爲人皇王，兼東丹國王。

契丹的建國大業，是由耶律阿保機的次子德光完成的。德光（太宗）也是對中原發展最

2 〔遼史〕卷七十四本傳。
3 〔遼史〕卷七十四本傳。
4 龍袞，〔江南野史〕（〔四庫全書珍本〕十一集），卷二，頁三下——四上。

積極的契丹皇帝。他趁石敬瑭與李從珂的內鬨，扶植石敬瑭，建立後晉。而石敬瑭取得契丹軍援的代價是割讓「燕雲十六州」給契丹，對契丹主稱臣，每歲輸帛三十萬匹。西元九三六年，耶律德光正式册立石敬瑭爲兒皇帝。册文是這樣的：

維天顯九年（應爲十一年），歲次丙申……，大契丹皇帝若曰：……咨爾子晉王，……實系本枝。所以余視爾若子，爾待予猶父……。旗一麾而棄甲平山，鼓三作而殭尸徧野。……數在爾躬，是用命爾當踐皇極……，國號曰晉。朕永與爲父子之邦，保山河之誓[5]。

石敬瑭割讓燕雲十六州，自願作兒皇帝，當時人頗以爲恥，其子石重貴於敬瑭死後，對契丹主稱孫不稱臣。耶律德光以此爲藉口，興師侵晉。述律太后問德光：「使漢人爲胡主可乎？」德光答：「不可。」太后說：「然則汝何故欲爲漢主？」德光道：「石氏負恩，不可容！」[6]九四六年，契丹大軍入汴京，晉亡。次年初，建國號大遼，大赦，改元大同。並接受羣臣推戴：

契丹主召晉百官，悉集於庭。問曰：吾國廣大，方數萬里，有君長二十七人。今中

5 薛居正，〔舊五代史〕卷七十五「晉本紀」。

6 司馬光，〔資治通鑑〕（臺北：藝文印書館本），卷二八四，頁二十七下。

國之俗，異於吾國。吾欲擇一人君之。如何？皆曰：天無二日，夷夏之心，皆願推戴皇帝。如是者再。契丹主乃曰：汝曹旣欲君我，今玆所行，何事爲先？對曰：王者初有天下，應大赦。二月丁巳朔，契丹主服通天冠，絳紗袍，登正殿，設樂，懸儀衞於庭，百官朝賀。……制稱大遼會同十年，大赦[7]」。

太宗在汴三月，以暑濕班師，其「報皇太弟李胡書」云：

河東尚未歸命，西路酋帥，亦相黨附。夙夜以思，制之之術，惟推心庶僚，和協軍情，撫綏百姓，三者而已。今所歸順，凡七十六處，得戶一百九萬百一十八。非汴州炎熱，水土難居，止得一年，太平可指掌而致。且改鎮州爲中京，以備巡幸。欲伐河東，姑俟別圖[8]……。

可見他頗有統一天下的雄心。他離開汴京時，將「晉諸司僚吏、嬪御、宦寺、方技、百工、圖籍、曆象、石經（鼓）、銅人、明堂刻漏、太常樂譜，諸宮縣鹵簿法物及鎧仗，悉送上京[9]。」〔通鑑〕亦載：「契丹主發大梁，晉文武諸司從者數千人，諸軍吏卒又數千人，宮

7 〔資治通鑑〕卷二八六，頁十二上。並引見厲鶚，〔遼史拾遺〕（〔四庫全書珍本〕第七集）卷三，頁五十四下——五十五上。
8 〔遼史〕卷四，大同元年四月乙丑。
9 同上大同元年三月壬寅。

女宦官數百人，盡載府庫之實以行。所留樂器儀仗而已[10]。」

太宗雖然在班師途中病死，但是他入繼中原大統的企圖和措施，留下很大的影響。在遼朝的典禮儀制方面，契丹人保存了很多固有的制度，但是也採取了不少的漢制。〔遼史〕云：「太宗克晉，稍用漢禮[11]。」而在尊崇皇帝地位和繼承中原統緒方面，太宗征服中原之舉，更是有決定性的作用。〔遼史〕云：

> 遼太祖奮自朔方，太宗繼志述事，以成其業。於是舉渤海，立敬瑭，破重貴，盡致周、秦、兩漢、隋、唐文物之遺餘而居有之。路車法物以隆等威，金符玉璽以布號令。是以傳至九主二百餘年，豈獨以兵革之利，士馬之強哉？文謂之儀，武謂之衛，足以成一代之規模矣[12]。

在輿服制度方面，自太宗入中原以後，皇帝與南班漢官用漢服，太后與北班契丹臣僚用「國服」。太宗又採漢輿、漢仗。〔遼史〕又載：

> 太宗皇帝會同元年，晉使馮道、劉煦等備車輅法物，上皇帝、皇太后尊號、册禮。自此天子車服昉見於遼。太平中行漢册禮，乘黃令陳車輅、尚輦奉御陳輿輦。盛唐

10 〔資治通鑑〕卷二八六，頁二十三上。並引見〔遼史拾遺〕卷三，頁六十下。
11 〔遼史〕卷四十九，「禮」一序。
12 同上卷五十五「儀衛志」序。

輦輅，盡在遼廷矣[13]。

出巡的儀仗，有「國仗」和漢仗：

金吾黃麾六軍之仗，遼受之晉，晉受之後唐，後唐受之梁唐，其來也有自[14]。

總之，〔遼史〕一再指出契丹人在禮儀方面承受了中原的正統：

太宗立晉以要册禮，入汴而收法物。然後累世之所願欲者，一舉而得之。太原擅命，力非不敵。席卷法物，先致中京。蹝棄山河，不少顧慮，志可知矣。於是秦漢以來，帝王文物，盡入於遼。周、宋按圖更製，乃非故物。遼之所重，此其大端[15]。

不過，據〔遼史〕，以爲石晉所上之傳國璽爲秦始皇所作。事實上秦始皇之璽已於後唐時焚燬。遼所得乃石晉所作之璽[16]。興宗七年，以「有傳國寶者爲正統賦」試進士[17]。

在東亞的國際關係方面，契丹從建國後不斷的增進其國際地位。在契丹初興時，曾一度向後梁進貢，此後與中原朝代的關係大部分時間都是對等的。後晉和北漢則都向契丹進貢。

13 同上「儀衛志」一。

14 同上卷五十八，「儀衛志」四。

15 同上。

16 同上卷五十七，「儀衛志」三，「符印」傳國寶條。參看〔遼史拾遺〕卷十五，頁二十四下至二十七下。

17 〔遼史〕卷五十七，「符印」。

宋太祖建國後，與契丹建交，也是沿襲五代時的平等外交關係。前文已經指出，遼太宗耶律德光的對中原政策是很積極的，他未嘗不打算入主中原，繼承中國大統。德光以後的數帝，則因內部汗位繼承制度沒有一定的法則，以致時有紛爭。在這些內爭中間，對外政策是一個主要的問題。例如遼世宗的被弒是因他採取較積極的對外政策，受到保守派分子的反對。遼穆宗則完全主張所謂「草原本位」的立場，對周世宗揮軍收復關南十縣，漠不關心。澶淵盟約締訂後，遼宋正式成爲對峙的兩國。遼帝在致宋國書中自稱「大契丹皇帝」，稱宋帝爲「大宋皇帝」。兩個皇帝之間並且建立了兄弟的親屬關係。宋帝承認遼帝是「大契丹皇帝」，等於是承認了天上可以有兩日，天下可以有兩個天子，和遼朝在國際上的合法對等地位。

嚴格的說，在宋遼關係中，宋的地位還是稍低於遼。因爲宋向遼送歲幣，契丹人誇稱爲「貢奉金帛。」如遼「聖宗哀册文」云：

……我欲濟以焚舟，彼方危於累卵。乃命使軺，疊伸誠款，懇求繼好，乞効刑牲。貢奉金帛，助贍甲兵。尊聖善而庶稱兒姪，敦友愛而願作弟兄。保始終之悠久，著信誓於丹青。……暫勞吊伐，永息烽煙[18]。

18 羅振玉，「遼陵石刻集錄」（奉天圖書館），卷三，頁二上。

這是契丹人對於澶淵訂盟的描寫。慶曆二年（遼重熙十一年，西元一〇四二年）宋向遼增加歲幣，歲幣稱「納」，而〔遼史〕載此事則用「貢」：「歲增銀絹十萬兩匹，文書稱貢，送至白溝[19]。」又載使臣劉六符向宋爭取到「歲貢」：

（六符）復與耶律仁先使宋，定進貢名。宋難之。六符曰：本朝兵彊將勇，海內共知。人人願從事于宋，若恣其俘獲，以飽所欲，與進貢字孰多？況大兵駐燕，萬一南進，何以禦之？顧小節，忘大患，悔將何及？宋乃從之，歲幣稱貢[20]。

除宋外，遼與其他諸國的關係，仿照中原朝代，建立以遼爲中心的國際系統，要求這些國家和部落來朝貢。上文已提及，五代時契丹皇帝已經册立石敬瑭爲「兒皇帝」，其他北漢、高麗和西夏等的國王也接受契丹的册封。契丹並且利用西夏對宋的威脅，而透過外交手腕從中原取得更多的利益。一〇四二年遼宋的交涉結果，是宋對遼增加了歲幣，就是一個最好的例證（詳下章）。遼夏合作對宋威脅極大，但是遼對夏常以「主子」的姿態加以支配，則並非對遼一貫的有利。遼夏間在一〇四〇年代兩次發生戰爭，就是西夏不滿遼的政策的結果。在國際關係中，遼在一〇四二年以後，不但強調遼在國際事務上的主宰地位，並且時常

---

19 〔遼史〕卷十九，重熙十一年閏九月癸未。

20 同上卷八十六本傳。

以宋夏紛爭中的調人自居。茲舉遼重熙十二年（一〇四三），亦即宋遼「增幣」交涉以後，遼的國際地位提高，冊封高麗王的冊文爲例，說明契丹藉國際聲望以鞏固其合法地位的企圖：

> 朕膺穹旻之寄，紹祖宗之基。四表歸仁，偃靈旗而定霸；百官考禮，鏤寶冊以加尊。……張皇土宇，亘日域以分圻；尊奬天朝，仰宸居而送欵。戴舜樹弼成之業，匡周規夾輔之勳。化被蒼隅，聲敷青畎。朕昨戒嚴駕，巡撫京畿，邦尹展肆覲之儀，都人契來蘇之望。干戈不試，獄市惟齊。羣方則慕義向風，交馳玉帛；鄰國則畏威懷德，增納金縑[21]。

上引最後一句「鄰國則畏威懷德，增納金縑」是指宋增加歲幣之事。所用「納」字與宋方記載符合。與此合觀，似「劉六符傳」中「歲幣稱貢」爲誇張之詞。

十一世紀末葉，夏人侵宋，宋人興兵討伐，征戰連年。一〇九九年三月，遼廷遣使致其國書，請宋人息兵，其所附劄子中有「早爲指揮勾退兵馬，及還復已侵過疆土城寨」的要求。宋人不肯正面答覆此一要求，幾經折衝，在國書所附白劄子中，有如下的外交詞令：「若依前狡詐，內蓄姦謀，俟從少蘇，復來作過，則理須捍禦，及行討伐。若果是出于至誠，

21 鄭麟趾，〔高麗史〕卷六，頁九一；並引見〔遼史拾遺〕卷九，頁四下——五上。

復罪聽命，亦當相度應接，許以自新[22]。」

至於高麗在契丹軟硬兼施的外交壓力下，使用契丹年號，對契丹進貢是十一世紀中的常事，將於下文（第七章）再論。

遼宋既爲兄弟之邦，重熙十一年契丹致宋國書中遂有「封圻殊兩國之名，方冊紀一家之美」的話[23]。但是到了道宗時期，則頗以崇高的國際地位自豪。例如道宗哀冊中有「一統正朔，六合臣妾」的豪語[24]。又有「鯨海之東，鯤溟之北，若木西荒，桂林南側。遠近庶邦，強弱諸國，占風効款，慕義述職」等語[25]。甚至稱北宋爲「汴寇」：

頃以汴寇，予侵夏臺，包藏貪噬，勝敗往來，垂二十載，傷生蠹財。詔命一至，煙塵兩開[26]。

這是描寫契丹調解宋夏兩國間糾紛獲得成功之事。

此外，遼朝修國史也頗注意其國際地位。上述〔遼史〕中的兩例已可證明。北宋歐陽修

22 關於這段交涉，看〔長編〕卷五〇七至五〇九；〔長編史料輯錄〕第三冊，頁八四四——八五五。
23 〔長編〕，〔永樂大典〕卷一二三九九，頁八，慶曆二年三月己巳。
24 〔遼陵石刻集錄〕，卷三，頁六下。
25 同上，頁七上。
26 同上。

撰〔新五代史〕，把契丹置於四夷附錄中，引起遼人的不滿。壽隆二年（即壽昌二年，一〇九六），太子洗馬劉輝上書道宗，指出此事：

> 宋歐陽修編五代史，附我朝於四夷，妄加貶訾。且宋人賴我朝寬大，許通和好，得盡兄弟之禮。今反令臣下，妄意作史，恬不經意。臣請以趙氏初起事蹟，詳附國史。道宗嘉其言[27]。

可見遼朝修國史，似將宋朝放在附庸的地位。

在遼宋關係史上一個極爲重要的問題是兩國之間的貿易關係。這一貿易關係並非朝貢貿易，而是由政府控制的榷場貿易。自澶淵盟約訂立以後，雙方的貿易關係從未中斷。學者大都認爲契丹人和宋人能够長期和平相處，貿易關係的維持是主要的因素之一。日本學者田村實造認爲宋人在十世紀末葉以停止貿易抵制契丹的手段，卻相反的刺激了契丹的南侵。田村又認爲契丹發動澶淵之役的主要目標是達到貿易的正常化[28]。這是一個很合理的推想，雖然並沒有充分的證據來支持。在澶淵盟約的談判和其條文中都不提貿易，是令人費猜的事。但是盟約締訂後，宋遼雙方立刻在邊界上開設榷場，從事貿易，顯示雙方或有某種貿易協

27 〔遼史〕卷一〇四，「劉輝傳」。

28 田村實造，〔中國征服王朝の研究〕，上（京都：京都大學東洋史研究會，一九六四），頁二三八——二三九。

定。

宋遼貿易在遼方的經濟上似乎有一個模式，就是遼的皇帝、貴族和大臣直接獲得了宋歲幣的利益，而大眾則透過貿易各取所需。遼廷雖然曾經用過歲幣來建造中京城，但是皇帝和貴族是眞正取得實利的人。也因爲他們貪圖歲幣，所以才重視與宋朝的和平關係。至於以戰爭來施恫嚇，主要目的仍然是多得歲幣。一〇四二年的增幣交涉就是一個很好的例證。

宋人利用歲幣和貿易來誘使隣邦維持和平關係，在對西夏的政策上也可得到印證。宋人在十一世紀中葉與西夏的關係由友好轉爲敵對，就以停止榷場貿易，來迫使夏人就範。一方面農業社會的產品短缺，使夏人怨恨；另一方面物價的上漲，對西夏政府造成壓力。後來西夏向宋求和，宋人在和議之後給予西夏每年大量的贈品，以示維持和平關係的利益，正是這種微妙的貿易關係的最好的寫照[29]。

前文已經指出，宋遼雙方的長期和平，在經濟上對兩者都有很大的益處。遼人不僅以歲

29 參看第四章「北宋慶曆改革前後的外交政策」。札奇斯欽於「北亞游牧民族與中原農業民族間的和平戰爭與貿易之關係」（臺北：正中書局，民國六十二年）一書中指出：開放與游牧民族的貿易是維持和平的最明智的政策，而以停止貿易來抵制外族，是最不智的下策。他並指責傳統中國君臣不瞭解這一層道理。實則中國的決策者並非不懂這種道理。宋代君臣一直主張與遼通商就是一個很好的證據。就宋夏關係而言，本質上宋人是企圖維持貿易的，但是卽使夏人得到了歲贈，仍然不時擾邊。所以中國君臣主張嚴防外夷，斷絕貿易，並非一種愚蠢無知的行為。

幣充裕財政，建立中京城，並且透過貿易，取得中原農業社會的大量糧食，日用品，和奢侈品。甚至在宋夏交惡，貿易中斷的時候，遼人可以從中互通有無，獲取厚利。例如北宋的絹經過契丹轉賣給夏人，契丹可獲兩三倍的利潤[30]。

對宋朝來說，歲幣當然是一項負擔，尤其是每年大量銀兩的外流，是宋政府的一大難題。宋代銀的產量不大，每年所產僅够支付歲幣。不過由於宋政府經營的榷場貿易，對遼大量出超，可以從這裏收回付出銀兩的十分之五、六[31]。至於歲幣中的絹，則絕非問題。宋代絹的產量很大，每年付給遼的三十萬匹，僅是東南越州一州的年產量[32]。總之誠如宋昭於一一二二年（宣和四年）論榷場時指出：

> ……蓋祖宗朝賜予之費，皆出于榷場。歲得之息，取之於虜，而復以予虜，中國初無毫髮損也。比年以來，榷場之法寖壞，遂耗內帑。臣願遴選健吏，講究榷場利

30 畑地正憲着，鄭樑生譯，「北宋與遼的貿易及其歲贈」，〔食貨月刊〕四卷九期（民國六十三年十二月），頁四〇〇——四一五。

31 同上。日野開三郎，「五代・北宋の歲幣・歲賜の推移」，〔東洋史學〕第五輯（一九五二），十九——四一；「五代・北宋の歲幣・歲賜と財政」，〔東洋史學〕第六輯（一九五二），頁一——二六。

32 日野開三郎，「銀絹の需給上よりみた五代・北宋の歲幣・歲賜」，〔東洋學報〕第三十五卷第一、二號（一九五二），頁一——二五；一三八——一七七。

害，使復如祖宗之時，則歲賜之物不足慮也[33]。

可見榷場貿易對於北宋政府在經濟上的幫助，和對和平的貢獻。

33 徐夢莘，〔三朝北盟會編〕（臺北，文海出版社），卷八，頁三上。參看王煦華、金永高，「宋遼和戰關係中的幾個問題」，〔文史〕第九輯（一九八〇），一〇二——一〇三。

圖一　契丹使朝貢圖

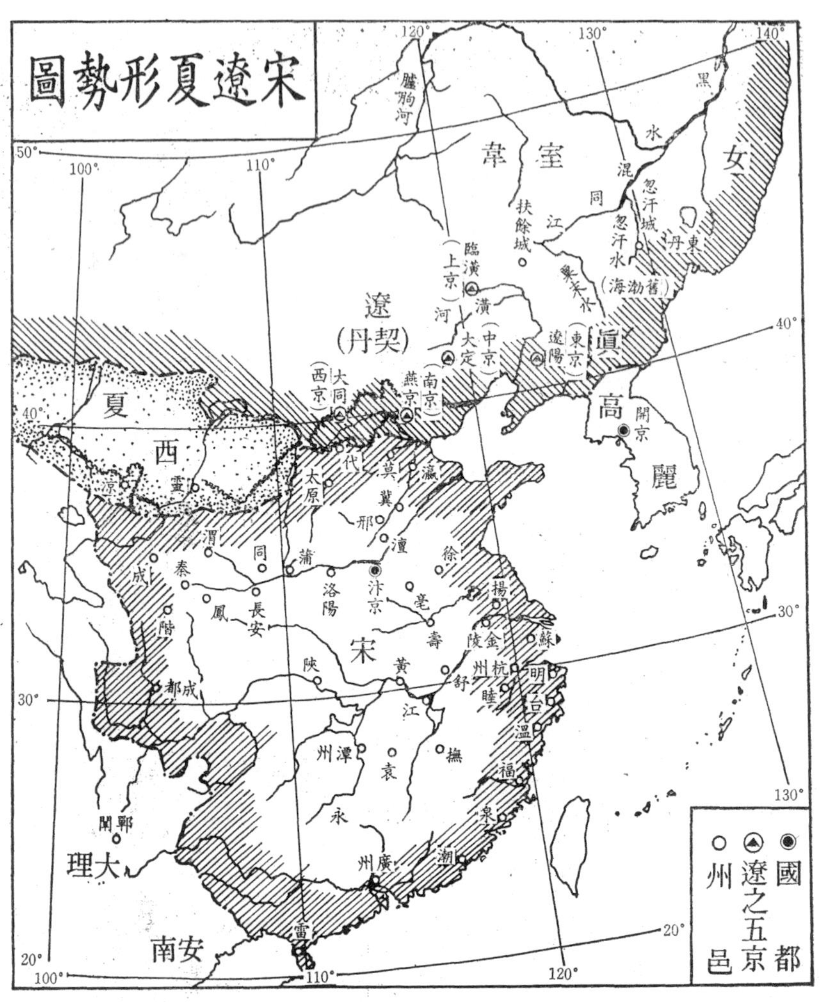

宋遼夏形勢圖
遼(契丹)
夏
西
宋
高
麗
大理
安南
女
眞
室
韋
臨潢(上京)
大定(中京)
遼陽(東京)
大同(西京)
燕京(南京)
開京
汴京
臚朐河
潢河
混同江
黑水
扶餘城
忽汗城
忽汗水
東丹
(舊渤海)
涼
靈
太原
代
莫
瀛
冀
邢
澶
渭
同
蒲
洛陽
徐
秦
成
鳳
長安
階
亳
揚
壽
金陵
蘇
陝
黃州
舒
杭
明
睦
台
溫
成都
江
潭州
袁
撫
福
永
泉
廣州
潮
雷
鄯闡
國都
遼之五京
州邑
50°
40°
30°
20°
100°
110°
120°
130°
140°

圖二 宋遼夏形勢圖

第四章　北宋慶曆改革前後的外交政策

一　引言

宋仁宗（在位：西元一〇二三年至一〇六三年）慶曆年間（一〇四一年至一〇四八年），宋朝既屢敗於西夏，又被迫增加對遼朝歲輸的金帛；而內部財用匱乏，盜賊蠭起。外患內憂，造成了北宋中期的危機。范仲淹、韓琦等爲了重振國勢，發起改革運動。「慶曆改革」（一〇四三至一〇四四）雖然爲時甚短，范、韓的理想未能實現，但是宋朝在對遼夏的外交方面，卻能夠扭轉處於「西北二敵」交侵的劣勢。

學者大都將當時外交上的成就，歸功於富弼。事實上在富弼的「增幣交涉」（慶曆二廿，一〇四二）以後，國際局勢並未立即好轉。尤其對遼所增歲幣，一半是用來酬答契丹約束西夏之用。這一點未爲學者注意。增幣交涉以後的外交，幸賴范仲淹主持大局，以余靖等與遼夏交涉，運用「以夷制夷」的策略，纔能够解除遼夏合力進犯的威脅，甚至促成遼夏之間戰爭的爆發。

由於「增幣交涉」以後，繼之以「慶曆改革」，外交方面的活動，不如內政方面的措施引人注目，所以史家對於當時外交上的建樹，尙無詳細的研究。筆者曾經對於「增幣交涉」以後的外交問題，作過初步的探究[1]，在本文中將作進一步的檢討。

二 慶曆時期的外交政策

唐代三省六部的制度下，政策由貴族合議決定，經皇帝同意後，付諸實施。故唐代宰相和貴族的權力很大。宋代則三省六部都成爲政策執行機關，而在皇帝周圍形成一些新的決策團體。宋初的中書門下長官是同中書門下平章事，不能兼管樞密院和三司的事務。因此學者

1 拙著「余靖與宋遼夏外交」，〔食貨月刊〕復刊第一卷第十期（一九七二），頁五三四——五三九。

認爲宋代相權低落[2]但是中書省的職掌，根據〔宋史〕「職官志」是：

中書省掌進擬庶務，宣奉命令，行臺諫章疏，羣臣奏請興꙳改革，及中外無法式事應取旨事[3]。……

其中「進擬庶務」，「行臺諫章疏」，「興꙳改革」及「中外無法式事」等，未嘗沒有決策的功能。門下省職掌，據〔宋會要輯稿〕爲：

受天下成事。凡中書省、樞密院所被旨，尚書省所上有法式事，皆奏覆審駁之。若制、詔、宣、誥下，與奏鈔，斷案上，則給事中讀之，侍郎省之，侍中審之。進入被旨畫聞，則授之尚書省、樞密院。卽有舛誤應舉駁者，大事則論列，小事則改正[4]……。

可見門下省仍有封駁、論列和改正的權力。元豐新官制實施後，三省的功能仍然是「中書揆而議之，門下審而覆之，尙書承而行之。」[5]

2 錢穆，「論宋代相權」，〔宋史研究集〕第一輯（臺北，一九五八），頁四五五——四六二。宋開國時宰相權力確實不大。〔長編〕卷六，乾德三年五月，是月條：「時機務多歸樞密院，宰相備位而已。」

3 〔宋史〕（仁壽本）卷一六一。

4 〔宋會要輯稿〕三，頁二三七二。

5 李心傳，〔建炎以來朝野雜記〕（〔聚珍叢書〕本），甲集卷十，「丞相」條。

元豐新官制雖然形式上恢復唐制，但是內容卻大有出入。三省實際上合而爲一，門下，中書省稱爲後省。門下中書侍郎皆由尚書左右僕射兼任，實際上左右僕射卽將門下中書兩省掌握。因爲這兩省原來功能不同，所以左右僕射的職掌亦不同，二者若對立時，正爲維持勢力均衡的表現[6]。不過這是仁宗以後的事。

宋承唐制設政事堂，爲羣臣議政之所。宰相應當與羣臣在御前商討政策，亦卽集議或廷議。明道二年（一〇三三），殿中侍御史段少連言：

國家每有大事，必集議於尚書省，所以博訪議論，審決是非。近詳定章獻明肅皇太后、章懿皇太后升祔事，而尚書省官有帶內外制或兼三司副使，多移文不赴。且帶職尚書省官，皆一時之選，宜有建明。而反以職任自高，輒不赴集，誠未副朝廷博謀之意。請自今每有集議，其帶職尚書省官，如託事不赴者，以違制論[7]。

朝廷聽從了段少連的建議，自此沒有負實際行政責任的帶職尚書省官，都必須參加集議。慶曆三年（一〇四三），知制誥田況建議臺諫官也應當參加議事，仁宗下詔，令諫官日赴內

6　宮崎市定，「宋代官制序說」，列入佐伯富編，〔宋史職官志索引〕（京都：京都大學東洋史研究會，一九六三），頁一六——二二。

7　〔長編〕卷一一二，明道二年七月己巳。

朝[8]。

此外，還有「轉對」的規定。眞宗咸平三年（一〇〇〇），下詔「令常參官轉對如故事。」[9]「在外文武羣臣，未預次對者，各許上封奏事。」[10]

批評宋代相權過小的學者，常以宰相不知兵爲證據。這一點北宋君臣也考慮到，並且有補救的辦法。眞宗時凡邊事必與宰相商議：

上每得邊奏，必先送中書。謂畢士安、寇準曰：軍旅之事，雖屬樞密院，然中書總文武大政，號令所從出。鄉者李沆或有所見，往往別具機宜。卿等當詳閱邊奏，共參利害。勿以事干樞密院而有所隱也[11]。

景德四年（一〇〇七），又下詔規定：

自今中書所行事關軍機及內職者，報樞密院。樞密院所行事關民政及京朝官者。報中書[12]。

8 同上卷一四二，慶曆三年八月戊戌。
9 同上卷四七，咸平三年十一月壬午。
10 同上卷四七，十二月丙寅。
11 同上卷五七，景德元年八月丁酉。
12 同上卷六五，景德四年閏五月丁丑。

仁宗時代，邊事再起。康定元年（一〇四〇），丁度主張中書與樞密二府通議兵民之政，富弼請求宰相兼樞密使。仁宗下詔樞密院：「自今邊事並與宰相張士遜、章得象參議之，即不許簽檢。」[13] 中書省別置廳，與樞密院議邊事[14]。慶曆二年（一〇四二），張方平建議廢樞密院，俾朝廷政令皆自中書出：

> 朝廷政令之所出在中書。若樞密院則古無有也，蓋起於後唐權宜之制，而事柄遂與中書均。分軍民爲二體，別文武爲兩途。爲政多門，自古所患。今朝綱內弛，邊事日生。西戎北狄，交有憑陵中夏之志。……陛下試思臣前議，斷自淵衷，特廢樞密院。或重於改爲，則請併本院職事於中書[15]。……

方平奏入，因爲富弼亦曾建議宰相兼樞密使，朝廷遂採用富弼的意見：

> 初，富弼建議宰相兼樞密使。上曰：軍國之務，當悉歸中書。樞密非古官。然未欲遽廢，故止令中書同議樞密院事。及張方平請廢樞密院，上乃追用弼議，特降制命

13 同上卷一二六，康定元年二月丁酉。三月庚辰決定仍書檢從。

14 同上卷一二六，康定元年三月癸未。

15 〔長編〕〔永樂大典〕卷一二四〇〇，慶曆二年七月壬寅朔。〔宋史〕卷三一八本傳：「夏人寇邊，方平首乞合樞密之職于中書，以通謀議。帝然之，遂以宰相兼樞密使。」參看王鞏，「張方平行狀」，在張方平，〔樂全集〕（〔四庫全書珍本〕初集），附錄，頁五下。

（呂）夷簡判院事，而（章）得象兼使，（晏）殊加同平章事，爲使如故[16]。

慶曆三年九月，仁宗開天章閣，討論邊事，命范仲淹等條上改革計畫[17]，這些都是邊事緊急時政府採取的權宜措施。到了慶曆五年，罷宰相兼樞密使，但是仍令樞密院，凡軍國機要必須與宰臣商議：

罷宰臣兼樞密使。時賈昌朝、陳執中言：「宰民之任，自古則同。有唐則命樞臣專主兵務，五代始令輔相亦帶使名。至於國初，尚沿舊制。乾德以後，其職遂分，是謂兩司，對持大柄。實選才士，用講武經。向以關陝未甯，兵議須壹；復玆兼領，適合權宜。今西夏來庭，防邊有序，當還使印，庶協邦規。臣等願罷兼樞密使。旣降詔許之，又詔樞密院：凡軍國機要，依舊同商議施行[18]。

以上大致說明了慶曆三年至五年這段期間，中央政府決策的情況。當時的決策是和太平時期不同的，可以說是君臣合力，集思廣益，來應付邊事。不但集議加強了功用，諫官也參與大計。宰相兼任樞密使，總軍國大政，在政策的執行方面，行政效率也因而提高。

16 〔長編〕同上，七月戊午。
17 同上卷一四三，慶曆三年九月丁卯。
18 同上卷一五七，慶曆五年十月庚辰。又卷一六〇，慶曆七年五月辛丑，詔：「西北二邊有大事，自今令中書樞密院召兩制以上同議之。」

除了在制度方面為因應變局而作了以上的改革外，人的因素也應當一提。主持慶曆元年、二年對遼夏外交的人物是呂夷簡（九七九至一〇四四）、章得象和晏殊。呂夷簡深得仁宗信任，亦頗專權。〔宋史〕本傳說：「元昊反，四方久不用兵，師出數敗。契丹乘之，遣使求關南地。頗賴夷簡計畫，選一時名臣報使契丹，經略西夏，二邊以寧。」[19] 章得象據本傳，對於朝政，「無所建明。」晏殊則掌人材的進用：「范仲淹、孔道輔皆出其門。及為相，益務進賢材。而仲淹與韓琦、富弼皆進用至於臺閣，多一時之賢。」[20] 哲宗元符二年（一〇九九），君臣討論邊事時，談及慶曆年間的外交，有這樣一段記載：

是日，上以西人叩關請命，甚悅。輔臣皆言：祖宗以來，邊事未嘗如此。元昊猖狂，朝廷之遣使告北敵，令指約。……上曰：慶曆中乃至于求北敵。（章）惇曰：此是呂夷簡及臣從祖得象為此謀，其人皆無取，故至於此。及富弼奉使，增歲賂二十萬，半以代關南租賦，半以為謝彈遏西戎之意。曾布曰：近世宰相，（呂）夷簡

19 〔宋史〕卷三一一。參看張方平撰「神道碑」，〔樂全集〕卷三十六，頁八上：「上體愛人之心，密講和戎之畫。……後諸路防禦益嚴，夏人通款納誓，訖如公策。」

20 同上。又宋祁，「文憲章公墓誌銘」，〔景文集〕（〔聚珍叢書〕）卷五十九，頁三下亦無章得象的具體貢獻。歐陽修，「晏公神道碑」，〔歐陽文忠公文集〕（〔四部叢刊〕）卷二十二，頁十一上，則說晏殊「卒能以謀臣元昊，使聽約束，乃還其王號。」

號有才，其措置猶如此[21]。……

可見呂夷簡、章得象是主持外交大計的主要人物。這段記載中提及的「增歲賂」，就是「增幣交涉」。「求北敵」則爲「以夷制夷」策略在宋代的運用，由呂夷簡開其端，范仲淹繼續執行[22]。

呂夷簡專任軍國大事，直到慶曆二年冬，感風眩，三、五日一入朝。三年三月罷相。韓琦、范仲淹於慶曆三年三月並任樞密副使（杜衍是樞密使）。七月，范仲淹參知政事，富弼樞密副使。雖然宰相是晏殊、章得象和杜衍，但是在外交決策上最有影響力的是范仲淹，至四年六月出爲宣撫使止[23]。

自西夏叛宋以後，關於邊事的討論，史籍中眞是連篇累牘。卽使在呂夷簡當政時期，仍不得不參考眾人的意見。范仲淹、韓琦當政時，更是言路大開。韓琦對於當時的情況有如下的敍述：

---

21 〔長編〕卷五〇六，元符二年二月甲申。

22 關於呂夷簡和范仲淹，看劉子健，〔歐陽修的治學與從政〕（香港：新亞研究所，一九六三），頁一四二——一七〇；王德毅，「呂夷簡與范仲淹」，〔史學彙刊〕第四期（一九七一），頁八五——一一九。

23 范仲淹主持外交大計，詳下文。歐陽修撰「范公神道碑」，〔歐陽文忠公文集〕卷二十，頁十二下至十三上，及〔宋史〕卷三一四本傳，皆僅及慶曆改革而已。

> 慶曆初，仁宗御天下久，周悉時敝。重以西師未解，思欲整齊衆治，以完太平。登進輔臣，必取人望；收用端鯁，以增諫員。……時正獻杜公（衍），文正范公（仲淹）、今司空富公（弼）皆在二府。公（歐陽修）每勸上乘間延見，推誠咨訪。上後開天章閣，召諸公詢究治本，長策大議，稍稍施用。紀綱日擧，僥倖頓絕[24]。……

慶曆四年，共同提出對付契丹要求的方案的大臣，包括丁度、王堯臣、吳育、宋祁、孫抃、張方平、歐陽修、王拱辰及沈邈。此外另提不同意見的有余靖、富弼和蔡襄[25]。由此可見羣臣參與決策的一斑。

三　北宋對契丹、西夏的外交政策

自元昊舉兵叛宋，北宋朝廷戰守之議不一。仁宗（在位：一〇二三至一〇六三）用韓琦、范仲淹經略西事。范仲淹主張守禦[26]。康定元年（一〇四〇）六月，仁宗以范、韓並爲

24 韓琦，「歐陽公墓誌」，「安陽集」（四庫全書珍本四集）卷五十，頁三上下。

25 參看拙著，「余靖與宋遼夏外交」，頁五三六——五三七。

26 「長編」卷一二七，康定元年五月甲戌。范仲淹的攻守策略，見慶曆元年十月所上（據年譜）的「上攻守二策狀」，「范文正公集」（「四部叢刊」）卷五，十四上至十七下：攻策應佔取有利據點，然後「堅壁清野以困之。」守策則主興營田，「假土兵弓手之力，以置屯田，為守之利也。」

陝西經略安撫副使（安撫使是夏竦）。慶曆元年，朝廷用韓琦所畫攻策，而仲淹不肯輕易出師[27]。二月，韓琦出兵，大敗於好水川，任福戰死。

宋軍既無力再戰，朝廷遂用范仲淹的守策，不復出兵。范仲淹私自致書元昊招納，曾引起一陣風波[28]。至慶曆元年冬，張方平上疏，請乘南郊大禮時，特降赦文招納元昊，並且強調「自古以來論邊事者，莫不以和戎爲利，征戎爲害。」仁宗「喜曰：是吾心也。令方平以疏付中書，呂夷簡讀之，拱手曰：公言及此，社稷福也。」[29]自此對西夏的政策是以議和爲主。

在契丹要求北宋歸還關南十縣以前，已經有宋以認爲西夏和契丹可能有密切的勾結，將共同向北宋搾取利益。寶元二年（一〇三九），富弼已經作此猜測：「西北相結，亂華爲虞。自古聞之，於今見矣。頃者元昊契丹爲親，私自相通，共謀寇難。緩者指爲聲勢，急則假其師徒。至有犄角爲奇，首尾相應。彼若多作牽制，我則困於分張。蓋先已結大敵之

27 〔長編〕卷一三一，慶曆元年二月辛巳。

28 原書見〔長編〕卷一三〇，元年正月，是月條。

29 〔長編〕卷一三四，十月壬寅。張方平「行狀」（〔樂全集〕附錄）：「仁宗喜曰：此朕心也。至中書，又詳白執政，嘉奏也，非君孰發此者。郊禮成，肆大眚，赦文所載，皆如公請。因是西賊通問、遣使、至于納款、解兵、息民，公啓之也。」（頁六上下。）

援，方敢立中原之敵。」[30] 防守西陲的將官劉平也認爲如果西夏「約契丹爲表裏，則西北之患，未可測矣。……恐北狄謂朝廷養兵百萬，不能制一小戎，有輕中國之心。……或元昊潛與契丹結爲聲援，以張其勢，則安能減西戎以應河北？譬如一身二疾，不可並治；必輕者爲先，重者爲後也。」[31] 到了慶曆元年冬，知并州楊偕指出「今契丹又與西賊共謀，待冰合來攻河東。若朝廷不思禦捍之計，而修寧遠寨，是求虛名而忽大患也。」[32]

同時，有若干人主張採用「以夷制夷」或「以夷攻夷」的辦法，來對付西夏。最早主張增歲幣以結契丹，及倚契丹爲援來破西夏的，是知延州范雍。他在康定元年請朝廷遣使契丹出師爲助，並且再結嘉勒斯賚爲援。如能得綏、宥、銀、夏數州，「卽每歲更增賜契丹十萬，縱未能必取，亦可破其借助之謀也。」[33] 此外，吳育主張通回紇以破元昊[34]，石延年請結回紇、嘉勒斯賚、吐蕃，實行「以夷狄攻夷狄」之術[35]。

康定元年（一〇四〇）六月，遣郭稹、夏防使契丹，通知用兵西邊。當時有人認爲「元

30 「長編」卷一二四，寶元二年九月，是月條。
31 同上卷一二五，閏十二月，是月條。
32 同上卷一三四，慶曆元年十月丁亥。
33 同上卷一二六，康定元年二月己酉。
34 同上，三月辛酉。
35 同上卷一二七，四月丁亥。

昊潛結契丹，恐益爲邊患。」故遣使連絡契丹[36]。

一年後，張方平又提出聯契丹制西夏的主張。他在慶曆元年三月所上的「平戎十策」中，建議遣使與契丹交涉，以達到「以夷制夷」的目的。亦即他的「伐交」之策，防止契丹與西夏在對宋政策方面採取一致的步驟。他說：

……今其（契丹）與我之和好也在外，而其與戎（西夏）之和好也在內。外雖我睦，陰爲戎助。此又不可不過慮也。示我之有禮，防彼之有辭，此爲事機，不可失也。臣願遣使一介，齎書一函，示之以元昊背義之由，朝廷備禦之意。其書曰：夏州自德明以來，受恩于國。至于元昊，撫綏彌隆。今忽恣睢，虧廢貢職。藩臣阻命，法當致討。如聞元昊連彼婚姻，遽興問罪之師，實損與國之好。彼誠矜其狂易，遣喻此情。若元昊悔過改圖，効誠請命，則我爲之寬宥，待之如初。誠元昊不稟訓辭，居然愎扈，違我二國之命，自恃獨夫之強，則當明下詔書，削其爵命。中勅守將，蕩除鯨鯢。如此則我於契丹以元昊之故，益示敦睦之道；契丹于我，雖元昊之姻，莫與間嫌之說。雖未能破彼之交，而我之親鄰伐叛，兩有辭矣[37]。

36 同上卷一二八，七月乙丑。

37 張方平，「樂全集」卷十九，頁十六下至十七上，「伐交」。據李燾考證，「平戎十策」係於慶曆元年所上。看「長編」卷一三一，慶曆元年三月戊午條小注。

很明顯的這一政策卽使達不到以夷制夷的目的，也有離間敵人，或至少加強與契丹邦交的作用。除張方平外，益州草澤張兪也作同樣的建議，請「遣使諭契丹，俾與西賊相攻，庶可完中國之力。」很受呂夷簡的重視[38]。當慶曆二年契丹向北宋要求關南地的時候，「以夷攻夷」的議論已經成熟，而且爲當政者所採用[39]。但是也有人反對這一計畫，如賈昌朝：

> 議者又欲以金繒啗契丹，而使平夏州。公（昌朝）言：吐蕃尚結贊欲助唐復京師，而宣公數諫止之。後得諜者，乃朱泚賂吐蕃，欲使陰爲之援。今契丹乘元昊叛，有求于我，未必遽肯出兵；就使兵出，而小有勝，何以塞其貪驁之心？時方命公使契丹，于是力辭其行[40]。

後來余靖也批評出使契丹的梁適辦理外交失策：

> 況梁適失詞，敵人傒望已久。事成而謝之亦有害；事成而不報亦有害。謝之之害

38 〔長編〕卷一三三，慶曆元年九月辛酉。

39 王安石撰賈昌朝「神道碑」云：「執政議使契丹攻元昊。」見〔臨川先生文集〕（〔四部叢刊〕）卷八十七，頁三上。並參看本文第二節註21有關引文。

40 王珪，「賈文元公昌朝墓誌銘」，〔華陽集〕（〔聚珍叢書〕）卷三十七，頁五上下。〔永樂大典〕卷一二四〇〇引〔長編〕，慶曆二年十月戊辰略同。參看王安石撰賈昌朝「神道碑」，「碑」云：「乃言所以待夷狄者，凡六事，上皆行其策。」

小，而不報之害大。此又將來之患也[41]。

又說：

臣竊思之：朝廷於西北大事，前後處置失錯，所以敵人乘釁肆其憑陵。今者使來，必此之故。初緣元昊累世稱藩，一日潛叛，招携出討，當自圖之。而乃屈中國之威，假契丹之援。借人之勢，權在他人。此謀始之失也[42]。

宋人實行「以夷制夷」的政策，是否有效，要看契丹對宋夏的政策而定。當慶曆二年，契丹謀取關南地時，志在取得實利，實在沒有替北宋去約束西夏的可能。以下略述契丹的對宋政策。

遼聖宗時代，宋遼兩國之間有相當親密的外交關係。興宗於西元一〇三一年就位後，一方面西夏與北宋連年作戰，契丹有可乘之機；另一方面興宗想要「一天下」。契丹的對宋政策遂發生了變化。〔遼史〕載：

重熙六年（一〇三七），………是時帝欲一天下，謀取三關。集羣臣議。（蕭）惠曰：兩國彊弱，聖慮所悉。宋人西征有年，師老民疲。陛下親率六軍臨之，其勝必

41 〔長編〕卷一五〇，慶曆四年六月戊戌余靖之奏。
42 同上卷一五一，八月戊戌。

矣。蕭孝穆曰：我先朝與宋和好，無罪伐之，其曲在我。況勝敗未可逆料。願陛下熟察。帝從惠言[43]。

又載：

時天下無事，戶口蕃息。上富于春秋，每言及周取十縣，慨然有南伐之志。羣臣多順旨[44]。

興宗雖然決定圖謀關南十縣，但是採取的方式卻不是發動戰爭，這是由於聽從了張儉的建議：

上將親征，幸儉第。……進葵羹乾飯，帝食之美。徐問以策。儉極陳利害，且曰：第遣一使問之，何必遠勞車駕？上悅而止[45]。

遼重熙十年（一〇四一）十二月，興宗決策向宋索取後周舊割關南十縣地，遣蕭英、劉六符使宋，提出要求。並且議伐宋，詔諭諸道。

43 〔遼史〕卷九十三，「蕭惠傳」。

44 同上卷八十七，「蕭孝穆傳」。孝穆則指出：「今國家比之曩日，雖曰富彊，然勳臣宿將，往往物故。」

45 同上卷八十，「張儉傳」。

四　增幣交涉

宋人在慶曆元年（卽遼重熙十年）十月，就開始接到「契丹將謀入寇」的邊報。河北轉運司請調夫修二十一州州城[46]。二年二月，契丹聚兵幽、薊，遣使致書，索取關南地。宋方情報工作做得很好，知保州衣庫使王果先購得其書稿，獻朝廷，且言：「契丹潛與昊賊相結，將必渝盟。請自廣信軍以西，緣山口，賊馬出入之路，預爲控守。」杜惟序亦購得書稿[47]。朝廷既知契丹動向，遂積極作應變準備。

遼使於次年三月下旬抵汴京，呈遞國書，提出要求，並且問宋伐夏之故[48]。宋廷得書，「朝廷議所欲與，不許割地，而許以信安僖簡王允寧女，與其子梁王洪基結昏，或增歲賂。獨（富）弼以結昏爲不可。」[49]也就是宋朝拒絕割地，聯姻或增加歲幣則可以商量。

46　〔長編〕卷一三四，慶曆元年十月戊寅。

47　〔長編〕〔永樂大典〕卷一二三九九，慶曆二年二月丁丑，及李燾小注。又有歸明人梁濟世言契丹將請割地。見〔宋會要輯稿〕卷五二五七，慶曆二年三月（頁七六九八）。

48　契丹國書見〔長編〕〔永樂大典〕卷一二三九九，慶曆二年三月己巳，及〔契丹國志〕卷二十。

49　〔長編〕〔永樂大典〕卷一二三九九，慶曆二年三月己巳。

四月，宋遣右正言知制誥富弼爲回謝契丹國信使，符惟忠爲副使（符惟忠於道中病卒，以張茂實代替）。宋朝國書婉拒了契丹的要求，並且答復契丹問伐夏這一點：「元昊賜姓稱藩，稟朔受祿。忽謀狂僭，俶擾邊陲；曩議討除，已嘗聞達。……及此西征，豈云無報？」[50] 宋朝準備向契丹讓步的條件有兩個，卽結婚或增歲幣，由契丹選擇[51]。

在富弼與劉六符、遼興宗的談判過程中，契丹堅持割地，而富弼不與，並且表示如果北朝必欲得地，則宋方不惜用兵。契丹見宋使態度堅決，乃退而求聯姻。劉六符告訴富弼：「然金帛必不欲取，惟結昏可議爾。」但是富弼主張增幣，強調如果聯姻，南朝嫁長公主資送不過十萬緡，「由是虜結昏之意緩。」[52]

富弼等返國後，七月癸亥（二十一日）再度出使。這一次帶着國書二封，誓書三封。主要條件是：「議昏則無金帛。若契丹能令夏國復納款，則歲贈金帛二十萬，否則十萬。」[53] 也就是準備了三種條約，供契丹選擇。

50 宋國書見同上四月庚辰。
51 同上，七月壬戌：「初，富弼、張茂實，以結昏及增歲幣二事，往報契丹，惟所擇。」
52 同上。
53 「長編」〔永樂大典〕卷一二四〇〇，二年九月癸亥。

八月，富弼等至契丹清泉淀金氈館。遼興宗選擇增歲幣二十萬的誓書[54]。九月，派遣耶律仁先、劉六符以契丹誓書至宋廷，求歲幣稱納。結果朝廷從晏殊議，許稱納字。在誓書中載明：「別約金幣之儀，用代賦稅之物。」增幣的名義是代替關南十縣的賦稅[55]。條約中雖然沒有寫明遼廷將下詔給西夏，但是另外在國書中指出這一點[56]。

在這次交涉中，興宗沒有決心侵略宋朝。他的主要目的是乘人之危，從中取利。而興宗在不能取得關南地，退而求其次的時候，想要兩國建立實際的親戚關係。他並不要求增加歲幣，增歲幣是宋人自願提供的條件。就宋朝而言，聯姻就是「和親」，其屈辱程度超過增幣，所以最後寧願國家財政增加長期的負擔。宋人對於「和親」的態度，如夏竦作「平邊頌」稱讚澶淵之盟，在序中寫道：

> 無窮兵之忿，無和親之弱，無飛芻輦轂之勞，無迎降畜附之費。……得禦戎之上

54 同上。

55 同上，九月乙丑。但〔宋會要輯稿〕卷五二五七（頁七六九九）無納字，作「每年更增絹十萬疋，銀十萬兩。」〔遼史〕則載歲幣稱「貢」，見卷十九「興宗紀」及卷八十六「劉六符傳」，卷九十六「耶律仁先傳」。參看姚從吾，〔遼金元史講義〕——甲、遼朝史（臺北：正中書局，一九七二），頁二四六。

56 〔宋大詔令集〕（一九六二年排印本）卷二二八，頁八八四：「故富弼等行，具令咨述。及得答書，謂欲告諭元昊，俾之歸款。」

策[57]。

又如賈昌朝在增幣交涉中，也極力反對聯姻，認爲「和親辱國，而尺地亦不可許。」[58]雖然如此，在不割地的原則下，聯姻仍是宋人先提出來的。這次交涉最後以增幣訂約，是富弼在實際談判時，努力達成的結果。富弼也是反對和親的，范純仁有如下的敍述：

> 仁宗遣御史中丞賈文元公館伴。不許割地，而許以結婚。將以太宗親孫允寧之女嫁其子梁王，或止增歲弊（原文）。公聞之，語所親曰：北虜無名肆慢，朝廷遽有許與。若增歲幣猶可，如結婚其可哉[59]？

增幣交涉雖然使宋朝蒙受了很大的損失，但是歲幣中的十萬金帛是契丹答應約束西夏的代價。在這方面未嘗沒有收穫，那就是下文要分析的宋朝「以夷制夷」政策的實現。在討論該政策之前，尚需指出宋人對契丹增歲幣，甚至情願用「納」字，是外交上尊重契丹的表

57 夏竦，〔文莊集〕（〔四庫全書珍本〕初集）卷二十四，頁二下。

58 〔長編〕〔永樂大典〕卷一二四〇〇，慶曆二年十月戊辰。王珪，「賈文元公昌朝墓誌銘」，〔華陽集〕卷三十七，頁五上：「契丹遣使求關南之地，且議和親。復為館伴使。公言：和親辱國，而尺地不可許。……」

59 范純仁，「富公（弼）行狀」，〔范忠宣公集〕（康熙四十六年刻本）卷十七，頁七上。又韓維記其事云：「初，敵欲得晉祖所與關南十縣者，朝廷不許，而議欲結婚。以宗室允寧女嫁其子梁王。或增歲遺。公聞之，謂所親曰：北蕃無名肆慢，不得已者，可少增歲幣，奈何以婚姻許之?」見所撰「富弼墓誌」，〔南陽集〕（四庫珍本二集）卷二十九，頁十五下。

現。至於西夏，宋朝可以給予歲賜，在名分上卻不肯讓步。范仲淹的意見可以作爲代表：

> 自古四夷在荒服之外，聖帝明王，恤其邊患，柔而格之，不吝賜與。未有假天王之號者也。何則？與之金帛，可節儉而補也；鴻名大號，天下之神器，豈私假於人哉？唯石晉藉契丹援立之功，又中國逼小，纔數十州，偷生一時，無卜世卜年之意。故薦號於彼，壞中國大法。而終不能厭其心，遂爲吞噬，遽成亡國。一代君臣，爲千古之罪人。自契丹稱帝，滅晉之後，參用漢之禮樂，故事勢強盛，常有輕中國之心。我國家富有四海，非石晉逼小偷生之時。元昊受朝廷爵命，非有契丹開晉之功。此不可許一也[60]。

這種看法，充分顯示當時宋人對遼夏的態度不同，因此對遼夏的政策也不同。此外，西夏對遼稱臣的事實，也是使宋人不得不愼重考慮名分的重要原因[61]。

五　宋遼夏三角交涉

慶曆二年訂立的增幣條約中，並沒有載明契丹「令夏國復納款」的條件。當時興宗決定

60 趙汝愚，「宋名臣奏議」（「四庫全書珍本」二集）卷一三三，頁二十八上下。

61 參看拙著「余靖與宋遼夏外交」，頁五三五。

增幣二十萬，則是他答應宋方條件，去約束西夏的明證。二年十月，宋朝派遣右正言知制誥梁適爲回謝契丹國信使。梁適出使，負有要求與宗履行諾言，對西夏施壓力的使命，揭開了北宋「以夷制夷」外交的序幕。

梁適與契丹的交涉，詳情不得而知。司馬光記其事道：

> 會梁適使契丹，契丹主謂適曰：元昊欲歸款南朝，而未敢。若南朝以優禮懷來之，彼必洗心自新矣[62]。

李燾於「長編」中，已辯明元昊欲與北宋議和，消息非梁適傳回。劉六符或繼劉六符至宋廷的蕭偕都可能在梁適使還之前通知宋人[63]。王珪撰「梁適墓誌」云：

> 契丹遣劉六符來報元昊欲納款。朝廷命公復聘契丹。已而元昊果令賀從勉賚表至境上。又命公使延州，遂定元昊復臣之禮[64]。

可見梁適出使的重要。「長編」載韓琦於慶曆三年七月癸巳上章中，提及契丹勸元昊納款之事，引遼朝答宋朝國書：

> 梁適口陳夏臺之事，已差右金吾衞上將軍耶律祥、彰武軍節度使王惟吾齎詔諭元

62 司馬光，「涑水紀聞」（「聚水叢書」）卷十，頁七下。
63 「長編」「永樂大典」卷一二四〇〇，是歲條小注。
64 王珪，「梁莊肅公適墓誌銘」，「華陽集」（「聚珍叢書」）卷三十七，頁二十六下至二十七上。

昊，令息兵。況其先臣德昭，北朝曾封夏國主，仍許自置官屬。至元昊亦容襲爵。自來遣人進奉，每辭見燕會，並陞坐於矮殿，今兩朝事同一家，若元昊請罪，其封冊禮待亦宜一如北朝[65]。

可見契丹假定西夏與宋議和，仍然向宋稱臣。〔遼史〕亦載：「遣同知析津府事耶律敵烈、樞密院都丞旨王惟吉諭夏國與宋和。」[66] 以上足以證明梁適達成了請契丹令西夏息兵的任務。

元昊接到契丹的詔書以後，很快的就派遣六宅使伊州刺史賀從勗與宋議和。在西夏呈宋朝的書信中，元昊自稱「男邦泥鼎國烏珠郎霄上書父大宋皇帝」，而未稱臣。賀從勗又稱：「契丹使人至本國，稱南朝遣梁適侍郎來言，南北修好已如舊，惟西界未寧。知北朝與彼為婚姻，請諭令早議通和。故本國遣從勗上書。」[67]

西夏沒有向宋朝稱臣的誠意，引起了宋朝大臣議論紛紛，不贊成朝廷接受西夏的要求。韓琦懷疑西夏與契丹「有合從之策，夾困中原。」而實際上元昊確曾於慶曆三年七月要求與

65 〔長編〕卷一四二，慶曆三年七月癸巳。

66 〔遼史〕卷十九，重熙十二年（一〇四三）正月辛未。

67 〔長編〕卷一三九，慶曆三年正月癸巳。

契丹侵宋，但是被契丹拒絕[68]。

不僅如此，在契丹拒絕與西夏合兵後，夏人開始侵擾契丹邊境，招誘部落，以致慶曆四年五月，遼興宗決定討伐西夏[69]。元昊爲恐兩面受敵，當卽向宋稱臣，自號夏國主，遣楊守素與宋議和[70]。

七月，遼朝突然遣使到宋廷，告知卽將伐夏，以「元昊負中國，當誅」爲藉口。並且希望在遼夏交戰時，如果元昊請求向宋稱臣，宋廷予以拒絕[71]。興宗的國書原文，有兩段是這樣的：

蠢爾元昊，早負貴朝。疊遣林牙，齎詔問罪。尚不悛心，近誘過邊民二三百戶。今議定秋末親領師徒，直臨賊境。

恐因北軍深入，欲附貴朝，或再乞稱臣，或依常作貢。緬維英晤，勿賜允從[72]。

---

68 拙著，「余靖與宋遼夏外交」，頁五三五。

69 〔遼史〕卷一一五，「夏國傳」。夏人招誘黨項始於十月。

70 〔長編〕卷一四九，慶曆四年五月丙戌。參看〔宋史〕卷四八五，「夏國傳」。

71 〔長編〕卷一五一，慶曆四年七月癸未。

72 〔宋大詔令集〕卷二三二，「答契丹勸和西夏書」附「又回劄子」，係元符二年四月辛卯遼泛使蕭崇等回國，宋廷所致國書。這兩段國書原文，是宋國書所引，〔宋會要輯稿〕、〔宋史〕、〔遼史〕」皆不載。又見〔長編〕卷五〇九，四月辛卯，其中「北軍」作「此軍」。

范仲淹不相信契丹竟將征討西夏，認為「元昊或納誓書，既不可阻。今契丹所請，或卽阻之，誠朝廷之所重也。然契丹元昊本來連謀，今日之情未可憑信。」[73] 主張不宜拒絕元昊求和。一般大臣則建議朝廷「於契丹回書中言：已降詔與元昊，若其悔過，歸順貴國，則本朝許其款附。若執迷不悟，則議絕未晚。」[74] 亦卽宋廷是否接受西夏稱臣，要看契丹的態度而定。

祇有余靖提出不同的意見，結果為朝廷採納。回契丹國書，是照余靖的意思。〔宋大詔令集〕錄其全文：

頃者元昊不庭，俶擾西鄙。以其罪在首惡，國人何辜，但發軍備邊，以防寇掠。前年蕭英來，得書謂元昊稱藩尚主，是甥舅之親。本來所謂出兵則恐違鄰好，縱寇則深害邊人。故富弼等行，具令咨述。及得答書，謂欲告諭元昊，俾之歸款，卽未嘗議及西討。去春元昊雖遣人屢至，猶未盡率朝會。今夏再有奏來，名體始順。然以未行册命，故未及修報。今耶律元衡至，聞元昊誘過邊民，議定親領師徒，直臨賊境，且言恐北軍深入，元昊却於本朝稱臣作貢，約以勿從者。蓋是北朝未知元昊今

73 〔長編〕卷一五一，七月癸未。

74 同上卷一五一，八月乙未。

> 夏有奏來，名體已順，遂及此議。若以其於北朝失事大之禮，則自宜問罪；若以其於本朝稽効順之故，則不煩出師。況今月五日延州奏，元昊已遣楊守素齎誓文入界。若不依自初約來，則猶可沮還。如盡已遵承，則南朝何以卻之？緬懷英聰，深垂體照[75]。

這封國書中提及欲告諭元昊的契丹答書，較梁適出使以後契丹所作答書（參見前文韓琦所上奏章中引述的那一封）爲早。値得注意的是，當時旣未「議及西討」，宋遼兩國自無聯合抵制西夏之理。所以國書中最後強調西夏已經和宋朝達成和議，宋方很難拒絕西夏的稱臣入貢。

宋朝命令余靖出使，轉達此意。〔遼史〕記載余靖的使命是：「宋以親征夏國，遣余靖致贐禮。」[76]余靖回國後的報告，主張朝廷從速封册元昊，使元昊得以專力與契丹交戰。富弼和蔡襄都有同樣的看法[77]。於是宋朝於慶曆四年九月，先移文夏人，告知卽將封册[78]。十

---

75 〔宋大詔令集〕卷二二八，頁八八四。〔長編〕卷一五一，八月戊戌所載，僅有「若以其於北朝失事大之禮」以下。

76 〔遼史〕卷十九，重熙十三年九月戊辰。

77 拙著「余靖與宋遼夏外交」，頁五三七。

78 〔長編〕卷一五二，九月甲申。王珪撰「梁適墓誌」云：「又命公使延州，遂定元昊復臣之禮。」此時與夏人交涉的是梁適。

二月，正式册命元昊爲夏國主。雖然封册之禮因爲朝廷一度遲疑而躭擱了若干時日。但是實際上宋朝九月的移文必已促成了夏人對抗契丹的決心[79]。

同時，契丹積極準備伐夏。重熙十三年（一〇四四）九月，會大軍於九十九泉。十月，祭天地，射鬼箭。元昊上表謝罪，並兩度遣使至契丹。第二次元昊親率黨項三部來。興宗詔蕭革詰其納叛背盟，元昊伏罪。賜酒，許以自新。但是羣臣以大軍已經集結，仍宜進兵。於是大戰爆發。〔遼史〕載契丹殺夏人數千，但是駙馬都尉蕭胡覩亦爲夏人所執[80]。「蕭惠傳」則載契丹爲夏人「蹂踐而死者不可勝計。」[81]

興宗一意欲征討夏國，是爲了懲罰元昊不聽指揮，招誘契丹境內的黨項部落，以及妄自尊大。據余靖的觀察：

昨梁適使契丹之時，國主面對行人，遣使西邁，意氣自若。自言指呼之間，便令元昊依舊稱臣。今來賊昊不肯稱臣，則是契丹之威，不能使西羌屈伏[82]。

同時人田況（一〇〇五至一〇六二）記其事道：

---

79 拙著「余靖與宋遼夏外交」，頁五三七。
80 〔遼史〕卷十九，重熙十三年十月。
81 同上，卷九十三。契丹之敗又見沈括，〔夢溪筆談〕（〔津逮秘書〕）卷二十五，頁二下至三上。
82 〔長編〕卷一三九，慶曆三年二月乙卯。

富弼使契丹報聘，再立盟約。時呂夷簡方在相位，命弼諷契丹，諭元昊使納款。宗眞當是其言，謂可指麾立定。退、遣使詣元昊，諭以朝廷之意。元昊但休隨而已。及楊守素至延州，道元昊語曰：朝廷果欲議和，但當下諭本國，何煩轉求契丹？界夾西部落呆家等族離叛，多附元昊。契丹以詞責問，元昊辭不報。自稱西朝，謂契丹爲北邊。又言淸戩所管部落，所貴不失兩朝歡好。宗眞旣以彊盛夸於中國，深恥之，乃舉衆西伐[83]。……

他認爲元昊不滿契丹下詔命其與宋議和，而興宗則以不能約束西夏爲恥。富弼則認爲契丹與夏人發生衝突，是元昊不滿契丹「背約與中國復和。元昊怒契丹坐受中國所益之幣，因此有隙。屢出怨辭。契丹恐其侵軼，於是壓元昊境。」[84]

田況又指出興宗與元昊間因興平公主之死，早有嫌隙存在：

夏國元昊娶契丹女，僞號興平公主，乃宗眞之姊也。元昊待之甚薄，因病被脫，元昊亦不視之，以至於歿。宗眞雖怨恨，然亦無如之何。但遣使慰問之而已。朝廷不

83 田況，「儒林公議」（「叢書集成」）卷下，頁八。

84 「長編」卷一五一，慶曆四年八月甲午。吳廣成，「西夏書事」（臺北：廣文書局影印）卷十七，頁五亦認為元昊對契丹之壓力不滿，且契丹獨獲宋增幣厚利。

知其故，以爲元昊畏耶律之強，諷宗眞使促元昊歸款，失之甚矣[85]。如果興宗與元昊確已結怨，而興宗又對宋作了承諾，命令元昊與宋和，則契丹伐夏的原因之一，應當是宋人外交政策的運用，陷興宗於困境。這樣看來，宋的外交似不能如田況所說是失敗的。總之，歐陽修對於這一段三角交涉，有持平之論：

> 慶曆四年，元昊納誓請和。將加封册，而契丹以兵臨境上，遣使言爲中國討賊，且告師期，請止毋與和。朝廷患之：欲聽，重絕夏人，而兵不得息；不聽，生事北邊。議未決，公（余靖）獨以謂中國厭兵久矣，此契丹之所幸。一日使吾息兵養勇，非其利也。故用此以撓我爾，是不可聽。朝廷雖是公言，猶留夏册不遣，而假公諫大夫以報。公從十餘騎，馳出居庸關。見虜於九十九泉，從容坐帳中辯言（一作折），往復數十，卒屈其議，取其要領而還。朝廷遂發夏册，臣元昊。西師旣解嚴，而北邊亦無事[86]。

此後數年，興宗準備復仇，與北宋相安無事。北宋大臣則仍然有人懷疑契丹和西夏解仇，再度合作。如慶曆五年樞密副使韓琦言：「昨契丹自恃盛彊，意欲平呑夏人。倉卒與

---

85 田況，「儒林公議」卷下，頁三五。興平公主下嫁元昊事見「遼史」卷十八，太平十一年十二月癸丑。興平公主卒於重熙七年，興宗遣使持詔「詰其故。」但無下文。見卷十八，七年四月己巳。又見卷一一五，「西夏傳」。

86 歐陽修，「余襄公神道碑」，「歐陽文忠公文集」（「四部叢刊」）卷二十三，頁七下至八上。

師，反成敗衂。北敵之性，切於復讎，必恐自此交兵未已。且兩敵相攻者，中國之利。此誠朝廷養晦觀釁之時也。」但是又認爲契丹「若議南牧，則子女玉帛，不勝其有。臣恐契丹異日更有邀求，或請絕西人之和，以隳盟誓。」[87] 吳育則以爲：「今夏人納款，契丹請盟。朝廷爲息肩之計則可，未足恃以爲安也。議者必謂敵國相攻，乃中國之利。臣謂不然。二敵連兵，士馬益練。一敵幸勝，則氣驕而勢橫，別啟貪求，必致生事。又元昊殘忍，使無北患，則跳梁西陲，難保安靜。此深可虞者。」[88] 歐陽修說：「自國家困於西鄙，用兵常慮北人合謀，乘隙而動。及見二敵相失而交攻，議者皆云中國之福。夫幸其相攻爲我之福，則不幸使其解仇而復合，豈不爲我禍乎？……然二敵勢非久相攻者也。一二年間不能相併，則必復合。使北敵驅新勵之強兵，無西人之後害，而南向以窺河北，又將來之大患者也。」[89] 包拯使遼返國，報告朝廷契丹自以雲州爲西京以後，不斷「添置營寨，招集軍馬。兵甲糧食積聚不少。但以西討爲名，其意殊不可測。」[90]

直到慶曆八年（一〇四八），契丹和西夏都沒有再向北宋挑釁。而契丹於次年（皇祐

87 〔長編〕卷一五四，慶曆五年正月丙子。
88 同上卷一五四，正月丙戌。
89 同上卷一五六，閏五月癸丑。
90 同上卷一五七，八月甲子。

元年，契丹重熙十八年）乘西夏主元昊去世，新主初立之際，再度西征。結果仍然遭到大敗[91]。

六　外交與內政間的交互影響

慶曆初年西北二敵對宋的壓力日增，宋朝內部政治和經濟方面也發生問題。仁宗雖然倚重呂夷簡，但是後者的保守政策頗受批評，而且年老得病。朝廷遂不得不考慮新人的起用。當時韓琦、范仲淹防守西邊有功，朝廷擢用他們來安內攘外[92]。仁宗固然一心求治，「周悉時敝，重以西師未解，思欲整齊眾治，以完太平。」[93]大臣更是紛紛要求改革。如陝西轉運使孫沔批評呂夷簡「多忌而不用正人。」「黜忠言，廢直道。」「以姑息爲安，以避謗爲知。」[94]韓琦痛陳「竊覩時事，謂可晝夜泣血，非直慟哭太息者，何哉？蓋以西北二敵，禍

91 關於遼夏二次戰爭，見〔遼史〕卷二十，重熙十八年；卷一一五，「西夏傳」；〔長編〕卷一六八，皇祐二年三月甲午、庚子。

92 參看劉子健，〔歐陽修的治學與從政〕，頁一六一至一六二。劉氏認為外患及內憂，尤其是盜賊蠭起，是引起慶曆改革的原因。

93 引文見本文第一節。

94 〔長編〕卷一三九，慶曆三年正月丙申。

釁已成，而上下泰然，不知朝廷之將危，宗社之未安也。」[95] 慶曆初年要求革新的呼聲，直接與邊事有關。而在解決外交上的問題時，更暴露了內政上的缺點——缺乏支持強硬外交的力量。

政治學上的決策是從若干不確定的、和不同的計畫中作一選擇，而此一選定的計畫是要達到決策者所企圖的特定的將來情況[96]。就慶曆年間的決策者而言，他們所要達到的目的，消極的要免除西北二敵聯合侵犯的危機，積極的要削弱二敵的力量，在國際上爭取主動。即使要達到免除二敵的合力，北宋決策者也受到外在和內在因素的限制。在外在因素方面，北宋無力繼續與西夏作戰，更不能面對二敵的聯兵。基本上澶淵之盟以後北宋的外交政策是維持對外的和平關係。在內在的因素方面，慶曆年間政治經濟發生的困難，使政府很難集中全力去徹底解決外交問題。因此北宋決策者面臨可以選擇的計畫很少，以下列舉幾種較重要的：

一、對西夏繼續作戰，對契丹維持和平關係

[95] 同上卷一四二，三年七月甲午。

[96] Richard C. Snyder, H.W. Bruck, and Burton Sapin, eds., *Foreign Policy Decision-Making* (The Free Press of Glencoe, 1962), p. 90.

最初劉平有此主張，後來歐陽修、韓琦仍然持此看法[97]。

二、聯合各部落以制西夏

由范雍、吳育提出，但以回紇、嘉勒斯賚缺乏實力而難以實現。

三、對西夏與契丹皆讓步，以維持和平

此為張方平、呂夷簡和晏殊等的政策。

四、聯契丹制西夏

亦為張方平、呂夷簡的政策。

五、聯契丹滅西夏

無人曾作具體計畫。

根據前文的分析，以上第三個計畫是慶曆元年二年所實行的。第四個計畫亦在慶曆二年提出，而在三年四年繼續實行。換言之，北宋的決策者對於國力的不足有很深的了解，所以不採取第一、第二及第五個方案，作軍事上的冒險，而純粹以外交手腕來解決問題，並且企圖以內政改革來充實國力。

97 歐陽修主張繼續攻討，見〔長編〕卷一四二，慶曆三年七月庚寅：「不若急修邊備，以圖勝算。修雖有此意，然朝廷竟不從也。」韓琦反對與西夏和，見同上，七月癸巳。

慶曆三年九月，宋仁宗開天章閣，首先問禦邊大略，再令大臣草擬改革計畫。范仲淹、富弼和韓琦所上的「十事疏」，亦卽慶曆改革的綱領，其中僅第七項「修武備」與邊防有關。其他都是關於內政的改革[98]。這是因爲范、韓等認爲內憂引起外患，要免除外患，必須先改革內政。如范仲淹強調姦邪之凶，甚於夷狄：

自古王者外防夷狄，內防姦邪。夷狄侵國，姦邪敗德。國侵則害加黎庶，德敗則禍起蕭墻。乃知姦邪之凶，甚於夷狄之患。伏惟聖明常好正直，以杜姦邪，此致理之本也[99]。

韓琦指出外憂必始於內患：「且四夷內窺中國，必觀釁而後動。故外憂之起，必始內患。」[100]歐陽修也說：「夷狄者皮膚之患，尚可治；盜賊者腹心之疾，深可憂。」[101]「十事疏」亦首先指出：「綱紀法度日削月侵，官壅於下，民困於外。疆場不靖，寇盜橫熾。不可不更張以救之。然欲正其末，必端其本，欲淸其流，必澄其源。」[102]改革有先後次序，並不

98 〔長編〕卷一四三，三年九月丁卯。
99 趙汝愚，〔宋名臣奏議〕卷一四六，頁十四上。
100 同上卷一三一，頁五上。時在寶元元年（一〇三八）。
101 〔長編〕卷一四一，慶曆三年六月癸丑。
102 同註98。

是他們忽略外患。

慶曆改革失敗的原因，似與外患無關[103]。但是這一改革的發生，原因之一是為了外患。外患一旦消失，對於改革的要求，就不如慶曆初年那樣迫切。當西北二敵交侵之際，朝廷積極求言，進賢，及改革。西夏稱臣以後，羣臣則紛紛結朋黨，互相傾軋。一個明顯的例子是宰相不再兼樞密使的理由：「今西夏來庭，防邊有序。當還使印，庶協邦規。」[104]可見危機解除後，當政者又恢復了保守的政風。

雖然知此，北宋的政治系統在慶曆年間仍然具有相當的彈性。當內憂外患交織而使若干從政的秀異分子（elite）提出改革的要求，及拒絕給予呂夷簡等保守分子支持的時候，政府內部產生了若干反應。除了調整領導階層，及對危機時期的決策形式作必要的適應外，新的政治領袖還作了全面革新的試探。雖然保守派在危機過去以後恢復了對政治權力的掌握，但是由於慶曆時期的政治家沒有解決根本的問題，所以更激烈的改革運動在下一代中再度展開。

103 劉子健，〔歐陽修的治學與從政〕，頁一七六至一七八有失敗原因之分析。

104 引文見本文第一節。

七　結論

慶曆初年的國際局勢，對北宋極爲不利。西夏屢敗宋人，而契丹從中取利。富弼所說的「西伐則北助，北靜則西動」，正是此時的最佳寫照[105]。北宋外交決策爲了因應變局，採取了若干措施，從宰相獨斷的方式轉變爲集思廣益，共同討論。宰相兼樞密使的權宜之計，尤其是慶曆前期政治上的特色。大致說來，北宋對契丹的政策是維持自澶淵盟約訂立以來的和平關係。對西夏則慶曆元年是從戰到守的轉捩點，此後以和議爲主。

慶曆時期的外交有兩件大事：一件是增幣交涉，另一件是宋遼夏三角交涉。二者間有密切的關係。慶曆二年，契丹乘宋人新敗於西夏，欲以武力威脅來取從利益。宋人在二敵的壓力之下，祇有屈服。當時宋人對於契丹的讓步，就國家的實際利益而言，也許兩國王室通婚所費較少。但是當時人如富弼認爲和親是極度的侮辱，所以他在增幣交涉中竭力避免通婚。這是意識型態上的考慮超過了實際利益的衡量。雖然宋遼間的關係因此不能像遼夏的舅甥關係那樣密切，但是正如富弼所說：「結昏易以生釁。」[106] 遼夏在兩年後發生衝突，王室聯姻

105〔長編〕卷一五〇，慶曆四年六月戊午。

106〔長編〕〔永樂大典〕卷一二四〇〇，慶曆二年七月壬戌。

後的不睦可能就是原因之一。

宋人在一〇四二年對遼增加的歲幣中，一半是用來酬謝契丹對西夏的約束。這是傳統「以夷制夷」政策的嘗試。李元昊雖然在表面上答應了契丹的要求而息兵，實際上卻不滿契丹的指令以及契丹利用宋夏戰爭而從中得利的結果。在向契丹提出遼夏聯兵侵宋的反建議被拒後，元昊似乎欲以招誘契丹境內的部落作爲補償。就契丹而言，不能有效約束西夏，反而招致西夏擾邊，是對宋承諾不能實現的一大諷刺。因此發動大軍，懲罰西夏。

同時，契丹向北宋提出不得接受西夏和議的請求，震動了北宋政府。這一請求顯示契丹有意干涉宋的外交事務，而取得東亞國際政治上的主動地位。張方平和呂夷簡等的「以夷制夷」政策瀕臨失敗。幸而朝廷經過周密討論和考慮後，選擇了余靖的建議，一方面接受西夏稱臣，使其專力北向；另一方面婉拒契丹的要求，以免居於外交上的被動地位。結果宋廷不但扭轉了劣勢，而且使「以夷制夷」演成「以夷攻夷」，促使遼夏發生兩度大戰。宋人得以坐視西北二敵因相鬭而削弱國力。

綜觀慶曆年間北宋的外交，決策方式和承平時期不同。博採眾議是決策的要素，而政策執行能夠做到事權專一，更是當時政治的特色。外交政策的成敗，對內政有很大的影響，慶曆改革的實行及其停止就是其中之一。

第五章　北宋朝野人士對於契丹的看法

本章試探綜合北宋統治者、官僚、理學家，以及一般文人對於契丹的看法，而重點則在平等外交關係的架構上，觀察他們對於契丹的態度及形象。這一試探可以從三方面進行，即官方的公開的對遼態度，官方和非官方私下強調宋朝的優越地位的態度，和非官方而採取實事求是的態度。第一種態度建立在宋遼的平等外交關係的基礎上，反映於官方的各種文書中。第二種態度則散見於不爲契丹人易於發覺的官方文書和若干官僚的著作中。第三類看法則有意或無意的在各種宋人著作中反映出來。

一　官方的態度

官方對契丹的種種平等對待的禮節與措施，已大致在前文中（第二章）敍述。在官方的往來文書中，除宋遼雙方互相承認對等的地位，而稱呼「北朝」、「南朝」，或「大宋」、「大契丹」（或「大遼」）外，從北宋官方文書、各種詔旨、地方官對契丹官員交涉或接待的書信，宋官員於接受契丹皇帝賜與禮物時的短束，以至演員於外國人士觀賞演出時的說詞，都可以發現一些支持官方維持平等外交關係的「有意的」證據。

在西元一〇〇五年，澶淵盟約締訂後，宋眞宗立卽廢罷了帶有鄙視態度字眼的地名，如「虜」、「戎」之類。如威虜軍改爲廣信軍，靜戎軍改爲安肅軍[1]。契丹的避諱亦爲宋人所遵從。

李燾的〔續資治通鑑長編〕一書，薈萃大批北宋官方文書，可以視爲官方對契丹稱呼所用詞句的最好證據。此書引用了大量的實錄、日曆、和官方文件，透漏了一個重要消息，卽在澶淵盟約締結以後，官方所用稱呼契丹的字眼，有顯著的改變。在此一重大外交事件以後，最常見的字眼是「契丹」。另一些常用名詞是「北人」、「北朝」[2]。這些用法顯然反映了官方對契丹公開交涉時所採取的平等態度，卽使實質上對契丹的看法並不一定表裏一致。

1 李燾，〔續資治通鑑長編〕卷五十八，頁二十四上；〔長編史料粹錄〕頁二五三。

2 參看〔長編史料粹錄〕的索引中「契丹」、「北人」、「北界」、「戎人」、「夷狄」等條。

另一種官方編纂的著作也表示了類似的態度。西元一〇八一年，蘇頌奉命編纂官方對遼的各種文書和檔案。兩年後書成進呈於朝廷。此書並包括宋人對遼政府和民間風俗的記載，宋遼交通路線與地圖。可惜這一部〔華戎魯衞信錄〕早已佚失。根據蘇頌進呈此書的序文，可以知道其內容包含「北使」、「北信」、「北書」等章。在描述契丹朝廷和風俗的篇章裏，包含了「世系」和「國俗」。有時候，「番軍馬」和「番界」等字眼仍在使用，但是最常用的字眼似爲「北人」、「北使」等[3]。

宋人在宋遼關係史上有關「多元國際系統」的兩個重要觀念是：一、認知中原是一個「國」，遼也是一「國」。二、認知國界的存在。就前者而言，在宋遼官員間第一次交換書信時，宋方的信件裏就提出兩國成爲「與國」的希望[4]。在澶淵盟約的交涉過程裏，有一封宋國書指出宋遼兩國過去沒有成爲友邦，但宋廷希望「二國」間能夠成爲友邦[5]。其後，兩國間的

3 蘇頌，〔蘇魏公文集〕（〔四庫全書珍本〕四集），卷六十六，頁一上至五上。有關此書之編纂經過，參看〔長編〕卷三一五，頁一下——二上；卷三三九，頁十下——十一上；卷五〇九，頁十五上。〔長編史料輯錄〕頁七五五，七七二及八五六。

4 雄州刺史孫全興致涿州耶律琮的信見〔宋會要輯稿〕第八冊，頁七六七三。〔長編〕（〔永樂大典〕一二三〇七，頁五上）中「與國」作「鄰國。」又見〔長編史料輯錄〕頁五十六。

5 〔宋大詔全集〕（中華書局，一九六二），卷二二八，頁八八二。

友誼屢次在國書的交換中強調，而「兩國」一詞時常出現[6]。除了互相認知二者是「鄰國」和「兩朝」外，另一個常用的名詞是「兄弟之國」[7]。在〔長編〕裏，「中國」和「北朝」或「契丹」時常一齊出現[8]。范仲淹曾指遼爲「外國」[9]。宋廷亦曾指契丹、渤海和女眞都是「外國人」[10]。不僅宋與遼是「兩國」，我們還可以找到宋人稱宋與夏是「兩國」的例子[11]。

6 同上，卷二二八至二三二，頁八八二至九〇三。

7 富弼對契丹皇帝用此詞，見〔長編〕引〔永樂大典〕卷一二四〇〇，頁五下（〔長編史料輯錄〕頁四一九），余靖亦用此詞，見〔長編〕卷一五一，頁十四上（〔長編史料輯錄〕頁四七七）。直到契丹滅亡以後，南宋於一一四〇年和一一六一年企圖聯合其殘餘勢力對付金朝時，仍然使用這一詞句。看〔宋會要輯稿〕卷五二五七，頁七七一一。

8 例如孔道輔使契丹時曾說：「中國與北朝通好，以禮文相接。……」見〔長編〕卷一〇五，頁二十上；〔長編史料輯錄〕頁三五四。張亢入對時說：「敵歲享金帛甚厚，今其主孱而歲歉，懼中國見伐。……」見〔長編〕卷一一五，頁十七下；〔長編史料輯錄〕頁三八〇。歐陽修於一〇四二年上疏言事，提及「北虜」四次，「二虜」（契丹與西夏）兩次，「二國」三次，「中國」一次。見〔長編〕引〔永樂大典〕卷一二三九九，頁十七上至二十一下；〔長編史料輯錄〕頁四〇八——四〇九。

9 范仲淹於一〇四四年言：「朝廷一失其守，長外國輕中國之心。」又稱契丹與西夏為「二敵。」甚至自稱「南朝。」見〔長編〕卷一五一，頁四上，〔長編史料輯錄〕頁四七三。

10 〔長編〕卷七十七，頁十上朝廷於一〇一二年所下之詔；〔長編史料輯錄〕頁三〇六。

11 例如余靖於一〇四三年上言：「……今乃因契丹入一介之使，馳其號令，遂使二國通好。……」見〔長編〕卷一三九，頁十六下，〔長編史料輯錄〕頁四三〇。

就後者而言，宋人對於國界的重視，足以推翻若干近人認爲傳統中國與外夷之間不存在「淸楚的法律和權力的界限」的看法[12]。澶淵盟約淸楚的規定「沿邊州軍各守疆界，兩地人戶，不得交侵。」宋人一般來說，都對宋朝沒有割地給外國和沒有和外國和親兩件事十分滿意[13]。在一〇四二年締訂的「關南誓書」裏，一件重要的規定，是宋人增加對遼付出的歲幣，相當於關南十縣歲收的數目。這樣遼就沒有再要求宋人將該十縣之地交還給遼[14]。一〇七四至一〇七六年間的畫界交涉更明顯的描述了宋遼雙方爭執疆界的情形。沈括被派出使遼朝交涉地界之前，曾經詳細研究了宋廷國信所內收藏的有關文書和地圖，並且製造了一個宋遼邊界的地形圖獻給宋神宗。沈括與遼方代表舉行了六次會議，根據這些資料對遼絲毫不肯讓步。最後，宋方代表韓縝將沿邊若干土地讓給了契丹，而被蘇轍彈劾。甚至王安石也牽涉到畫界交涉裏，被〔邵氏聞見錄〕的著者邵伯溫指爲賣國（詳細情形請參看本書第六章）。由此可見宋人對於邊界的重視。

[12] Mark Mancall, "The Persistence of Tradition in Chinese Foreign Policy," in King C. Chen, ed., *The Foreign Policy of China* (Roseland, N. J.: East-West Who? 1972) p. 31.

[13] 參看第四章。明朝亦不與蒙古和親。看 Henry Serruys, *Sino-Mongol Relations during the Ming, II, The Tribute System and Diplomatic Missions (1400-1600)* (Bruxelles: Institut Belge des Hautes Etudes Chinoises, 1967), p. 18.

[14] 參看第四章。

再者，北宋朝野對於燕雲十六州的恢復一事的關心，可說已經到了着魔的程度。宋徽宗爲了貫澈收復失地的主張，冒險採取了聯金滅遼的政策，以致一敗塗地。尤有甚者，即使在宋欽宗被迫訂了城下之盟，割讓了河北河東三鎮給金人，後來主戰派力主「祖宗之地，尺寸不可與人」，而反悔盟約，給了金人再度侵宋的大好藉口。這樣看來，我們甚至可以說宋人是爲了維持疆界和收復失地而亡國。

二　宋人對於宋朝優越地位的強調

北宋官方對遼的平等對待態度，已略見前述。官方及非官方私下對遼的看法，則不如公開的態度那樣平等。大致來說，宋朝野仍然認爲宋的地位較契丹爲優越。西元九七八年，宋臣上尊號於太宗，在奏摺裏就強調宋人的力量遠超過疆界千里以外，大漠以北萬國都來朝貢。所謂：「威重千里，奄有萬國」[15]。宋眞宗於一〇〇四年下詔改元時，指出宋朝是天命之所屬，四海歸仁[16]。在皇帝及皇后死後大臣所上的「哀册」這一類文書裏，死去的皇帝皇

15 「宋大詔全集」頁二十一。
16 同上，頁六。

后的功績被歌頌，而這些歌功頌德的文字都是冠冕堂皇的渲染功績。例如在宋太宗的哀册裏，太宗能够以文德和武功迫使外夷屈服，達成了大一統：

> 恢張睿略，震耀武功。柔懷越徼，親殄邊戎。四夷奉贄，八表承風。神化天下，鑑清域中。聲敎遐被，車書混同[17]。

澶淵之盟被眞宗哀册的著者描述爲夷狄被安撫：「柔懷邇遐，納賮無垠。」而與契丹的和平帶來了百姓的休息：「交觀有北，戍卒餘閑。」[18] 在仁宗的哀册裏，太祖太宗的功績是「藝祖之武，底定四方；太宗以文，萬邦一主。」仁宗在位時，「北敵之強，西夏之猘，時欲跳梁，恣其貪嗜。吾以威德，折其凶銳，而皆搖尾，從我羈餌。……」[19]。文中以「羈餌」來描寫一〇四二年的增幣交涉，非常有趣。

除了這些宣傳之外，北宋政府又以「封禪」等行動來使自己合法化。九八四年，宋廷承認了五代的合法嬗遞，而繼後周的木德，採取了火德[20]。眞宗於澶淵之盟後，在一〇〇八年行封禪之禮，以彌補澶淵之役的缺失。而和平帶來的安樂，更是弭兵的好處：

---

17 同上，頁四十五。

18 同上，頁四十五——四十六。

19 同上，頁四十六——四十七。

20 李若水等，「太宗皇帝實錄」（「四部叢刊」三編），卷二十九，頁十四上——十五下。

屬以五兵銷偃，四海澄清。良民洽歸厚之風，嘉穀茂重華之歲[21]。……

稍後，正統之論興。歐陽修在「正統論」一文裏，界定正統為「正天下之不正，統天下之不一[22]。」蘇軾等也就此點申論。

至於官方不向契丹公開的文件，則多半仍指契丹為夷狄。仁宗於一〇三七年詔張方平等對策有這樣的話：「夷貊雖率化，而有時陵犯邊鄙者。」[23] 政府給地方官，尤其是沿邊一帶的地方官的任命狀(制)中，常用夷狄等詞。但是值得注意的一點是：在若干例子中，契丹與西夏有明顯的區別。例如王珪撰「富弼判并州制」：「河東一道，北有強敵，西有勁羌。」[24]「文彥博判太原府制」：「西折畔羌之侮，左制彊敵之衝。」[25] 對於契丹用的壞字眼較少。

---

21 「宋大詔全集」，頁三九七。

22 參看 James T.C. Liu, *Ou-yang Hsiu: An Eleventh-Century Neo-Confucianist* (Stanford: Stanford University Press, 1967), p.111。陳芳明，「宋代正統論的形成背景及其內容」，「食貨月刊」一卷八期（一九七一）頁四二五。

23 「樂全集」（「四庫全書珍本」初集），卷十八，頁三十一上。原注云景祐五年，但景祐只有四年，即一〇三七年。陸佃「陶山集」（「四庫全書珍本」別輯），卷九，頁十三上載陸氏策問有：「方今夷狄款附，內外無患。」另一例見胡宿，「文恭集」（「四庫全書珍本」別輯）卷二十九，頁四下：「問：國家謹四夷之守，飭三邊之備。……」

24 「華陽集」卷三十五，頁九上。

25 同上，卷三十六，頁一上。

在若干官方編纂的著作和私人文集中，外國人常被視爲低等民族，而用鄙視的字眼去稱呼他們。〔舊五代史〕裏稱契丹皇帝爲「虜主」。〔册府元龜〕的編纂者使用了「契丹」、「虜」、「戎虜」、及「北虜」等詞。私人著作裏的用字，從「契丹」、「遼」、「北人」、「北朝」、「北國」、「北敵」、「北鄰」以致「醜虜」、「狂虜」、「豺狼」、「梟鴟」及「禽獸」。古時用來稱呼夷狄的名詞如「玁狁」和「匈奴」也用來稱呼契丹[26]。下面這段矛盾的文字非常有趣。葉夢得在〔石林燕語〕裏敍述宋遼達成和平後宋方皇后也與契丹通信時說：

> 契丹既修兄弟之好，仁宗初，隆緒在位，於仁宗爲伯。故明肅太后臨朝，生辰正旦，虜皆遣使致書太后。本朝亦遣使報之，猶娣婦通書於伯母無嫌也[27]。

文中既說宋遼修「兄弟之好」，兩國皇后又「猶娣婦通書於伯母」，則稱皇帝的親戚爲「虜」豈非連宋的皇帝皇后也罵在一起了？

北宋文人歌頌王朝的「頌」，可以作爲宣傳文章看待而值得注意。這類文章常爲應時之作，如政府舉行特別慶典慶祝夷狄來朝或大典儀式的完成時，就需要歌頌一番。王禹偁（九

26 著者曾涉獵六十種以上的北宋人文集，印象是最通用的名詞是「契丹」。

27 參看第二章。

五四——一〇〇一）寫的「北狄來朝頌」可以作爲慶祝外夷朝貢一類文章的代表。王氏在序裏描寫了北狄的野蠻風俗和傳統的政策，認爲只有宋朝採取了最佳對策，甚至超越了古代的周朝。這一對策是以仁來對付北狄。仁不僅贏得了國內百姓的支持，也獲得夷狄的嚮化。再者，皇帝爲了懷柔遠人，接之以禮，敎之以德。在這篇文章裏，王氏比擬契丹爲匈奴，其臣服於宋朝一如匈奴之臣服於古之聖王。聖王必須任命大將如衞青和霍去病去征服他們。此文旨在歌頌宋太祖在九七四年與契丹和議之舉[28]。夏竦（九八四——一〇五〇）的「景德五頌」之一歌頌「平邊」[29]。張方平（一〇〇七——一〇九一）的「宋頌」包含了一段描寫契丹臣服的文字，把澶淵之盟寫成宋人的一大勝利[30]。與「頌」稍有不同的是蔡襄（一〇一二——一〇六七）的「黼扆箴」，是進呈給仁宗的[31]。在這篇文章裏，蔡襄指出人主應依氣候的變化和災禍的生滅，亦卽陰陽勢力的變化而改進。陽由人主代表，而陰由臣子、夷狄和婦人代表。人主必需時時修改政策，以控制陰的過度發展。

若干北宋學者和思想家都以陰陽觀念來比擬夷狄與中國勢力的消長。在進一步討論陰陽

28 王禹偁，〔小畜外集〕（上海：商務印書館，〔國學基本叢書〕本），卷十，頁四七五。
29 夏竦，〔文莊集〕（〔四部備要〕），卷二十四，頁一下至三下。
30 張方平〔樂全集〕，卷五，頁四下——五上；第一篇篇名為「有北」。
31 蔡襄，〔端明集〕（〔四庫全書珍本〕四集），卷九，頁三上下。頭兩句為「丕顯元聖，上奉天時。」

與夷狄的關係之前，應當先觀察他們把契丹放在人類社會的那一個層次上。啟廸北宋儒學的韓愈曾經討論過夷狄的地位。他把人性分成三個層次：上層的性善，下層的性惡，中間的可善可惡[32]。這一理論加強了儒家認爲人應當守分的觀念。韓愈抨擊佛教時，指出佛教是外國來的野蠻宗教，不如中國的儒家高級。在他的「原道」一文裏，他的「道」是和佛家的「道」截然不同的。他又指出古聖先賢的教訓是和夷狄的制度不同的[33]。在「原人」篇裏，韓愈的人（卽中國人）是夷狄和禽獸的主人[34]。

宋代思想家繼承了韓愈的觀念，對外人頗爲鄙視。對外來事物的攻擊也包括了契丹，因爲契丹對中國構成了一大威脅。石介在「中國論」裏，區別華夷主要在排斥佛教，也談論四夷的野蠻，而把邊荒地區畫給他們。他特別強調「內」和「外」不可倒置[35]。李覯指出「異方之法亂中國，夷狄之君抗天子。」[36]同時排斥佛教和契丹。

理學家甚少談論契丹。邵雍有兩首詩：

32 「朱文公校昌黎先生文集」（「四部叢刊」初編），卷十一，頁九十七。
33 同上，頁九十五——九十六。
34 同上，頁九十八。
35 石介，「徂徠集」（「四庫全書珍本」四集），卷十，頁七上——八上。
36 李覯，「直講李先生文集」（「四部叢刊」初編），卷二十七，「上范待制書」，頁一九八。

思患吟

僕奴凌主人，夷狄犯中國。
自古知不平，無由能絶得[37]。

中原吟

中原之師，仁義爲主。
仁義旣無，四夷來侮[38]。

二程論及契丹時，與韓愈相似，把實踐仁義的中國人放在最高的層次上。如果仁義只剩下一半，中國人就會淪爲夷狄。如全無仁義，則變爲禽獸。因此古聖先賢強調春秋大義[39]。二程對於漢以來的朝代都持有批評的態度。這些朝代僅僅掌持了政權而已[40]。南北朝時代，禮與法俱失，而夷狄之風盛行。隋唐雖能重新統一全國，仍然保存了大量的夷狄習俗。唐太宗不能維繫三綱，是唐代終於覆亡的重要原因[41]。程顥進一步認爲漢唐之君實行的是霸道，

37 「伊川擊壤集」（「四部叢刊」初編），卷十六，頁一一七。
38 同上，卷十八，頁一三七。
39 「二程全書」（「四部備要」），第二上，「元豐己未與叔東見二先生語」，頁二二下。
40 同上，第十一，「師訓」，頁八上。
41 同上，第十八，「伊川先生語四」，頁四十下。

而非王道。「漢唐之君皆不足爲也。」[42]

二程也相信陰陽不協會招致災難。而陰陽不協是政府失道所引起的[43]。胡瑗與歐陽修的弟子陳舜俞（卒年一〇七四）把陰陽和夷狄連在一起，他說：

> 陰之爲物也，爲甲兵，爲陰謀，爲彊臣，爲夷狄，爲宦官宮妾。或者天以其類大爲動搖以告陛下，亦惟陛下深思遠慮憂患而豫防之[44]。

這種論調並不限於理學家。早在十一世紀初（一〇〇二），張知白已經說過：

> 兵之爲用，實不可去也，乃知言弭兵者，罪莫大焉。夫戎狄者，亦天地之一氣耳。其性貪暴，惡生好殺，與中國絕異。是以史籍所載，京師爲陽，而諸夏爲陰，蓋取內外之義也。夫陽主生物，陰主殺物，故如四夷擾邊，不足異也。在制之有道爾。又和樂爲陽，愁苦爲陰。王者必先內知人心而後制四夷。此崇陽抑陰之義也[45]。

類似的看法可從張方平、蔡襄、范祖禹、王平和仲訥的言論裏找到[46]。王安石雖然強調「天

42 〔明道先生文集〕（〔四部備要〕），卷二，「論王霸之辨」。
43 〔伊川先生文集〕（〔四部備要〕），卷一，「為太中上皇帝書」，頁二下。
44 〔都官集〕（〔四庫全書珍本〕三集），卷四，頁二十上。
45 趙汝愚，〔宋名臣奏議〕（〔四庫全書珍本〕二集），卷四，頁一上至七上。
46 張方平，〔樂全集〕卷十八，頁三十二下；胡宿，〔文恭集〕，卷三十七，頁三下至四上，王平墓誌；呂祖謙，〔宋文鑑〕（臺北：世界書局），卷一〇六，仲訥，「議禦戎。」蔡襄之說已見前述。范祖禹之說詳下。

變不足畏」，仍然相信陰陽的道理。他論〔尚書〕「洪範」中的「稽疑」時，以為「數」與「位」與善惡有關，而這些則與天地之道，陰陽和君子小人的升降，以及中國與夷狄的盛衰有關[47]。

到了北宋末年，陰陽與夷狄的關係也可以從通俗小說裏找到，表示這種想法的大眾化。〔大宋宣和遺事〕的開場白說：

> 茫茫往古，繼繼來今，上下三千餘年，興廢百千萬事。大概風光霽月之時少，陰雨晦冥之時多。衣冠文物之時少，干戈征戰之時多。看破治亂兩途，不出陰陽一理。中國也，天理也，皆是陽類；夷狄也，小人也，人慾也，皆是陰類。陽明用事的時節，中國奠安，君子在位，在天便有甘露慶雲之瑞，在地便有醴泉芝草之祥。天下百姓，享太平之治。陰濁用事底時節，夷狄陸梁，小人得志，在天便有彗孛日蝕之災，在地便有蝗蟲飢饉之變，天下百姓，有流離之厄。這箇陰陽，都關係着皇帝一人心術之邪正是也[48]。

這段話最後把責任推到皇帝一個人的「心術」，也許是著者對宋徽宗不滿的發洩。

47 〔臨川先生文集〕（〔四部叢刊〕初編），卷六十五，頁四一六。

48 〔宣和遺事〕（臺北：世界書局，民國四十七年），頁一。

最後，在宋人對外交政策的考慮中，也可以發現對宋朝優越性的過分強調。多數的宋朝政界人士主張與外族維持和平的關係。這種主張當然是基於實際的情勢（詳下文），但是其中一個重要的因素是以道德的培養來招致夷狄的馴服的傳統觀念[49]。趙普在宋太宗北伐時上疏請求班師，指出：「前代聖帝明王，無不置（夷狄）於化外，任其隨逐水草，皆以威德御之。」[50]田錫亦請以威德爲應付外患的基礎[51]。後來司馬光有這樣的詩句：「始知恃險不如德。」[52]

與上述觀念有關的一個看法是夷狄的威脅不如內部亂事嚴重。因爲外夷可以用中國的道德來感化，所以中國統治者的主要責任是培育道德和安定百姓。傳統的陳腔濫調如「守在四夷」之類是宋人最喜歡引用的[53]。甚至宋朝對外最積極的太宗也認爲內部的問題比對外的經

---

49 參看 Wang Gungwu, "Early Ming Relations with Southeast Asia: A Background Essay," in Fairbank, ed., *The Chinese World Order*, p. 43.

50 趙汝愚，「宋名臣奏議」，卷一二九，頁八上至十五下，「上太宗請班師。」

51 田錫，「咸平集」（四庫全書珍本」四集），卷一，頁十五下至十六上，卷二十二，頁九下。類似的主張見陳襄，「古靈集」（「四庫全書珍本」三集，卷二十一，頁十四，「善勝不武賦。」

52 「溫國文正司馬公文集」（「四部叢刊」初編），卷十一，頁一四三上，「長垣道中作。」

53 「左傳」昭公二十三年：「古者天子守在四夷。」宋人引用之例見羅從彥，「羅豫章集」（商務印書館），卷五，頁五十九引王旦語。蘇舜欽，「蘇舜欽集」（上海：中華書局，一九六一），卷十一，「論西事狀」，頁一五六。宋祁，「景文集」，卷四十四，頁二下。

營重要。他在西元九九一年說：

國家若無外憂，必有內患。外憂不過邊事，皆可預防。惟姦邪無狀，若爲內患，深可懼也。帝王用心，常須謹此[54]。

太宗的這種看法大概是受了趙普和張齊賢等的影響。他們兩人都認爲古代聖王都不以武力來鎮壓外夷，而集中於天下之「本」的內政。古聖王以爲外交是「末」，祇要中國享有太平，遠人自然會自動的臣服。張齊賢向太宗的進諫可視爲代表：

臣又聞家六合者，以天下爲心，豈止爭尺寸之事，角強弱之勢而已乎？是故聖人先本而後末，安內以養外。人民本也，疆土末也。五帝三王，未有不先根本者也。堯舜之道無他，廣推恩於天下之民爾。推恩者何在乎？安而利之，民旣安利，則遠人斂衽而至矣[55]。……

北宋重臣韓琦、范仲淹、王安石和司馬光都持有「重內輕外」的看法。韓琦認爲：「四夷內

54 〔長編〕卷三十二，頁九上；〔長編史料輯錄〕，頁一四九。

55 〔長編〕卷二十一，頁十三；〔長編史料輯錄〕頁八十八；〔宋史〕（百衲本）卷二六五本傳略同。參看〔宋史〕同卷「呂蒙正傳」：「治國之要，在內修政事，則遠人來歸，自致安靜。」卷二六六，「王化基傳」：「治天下猶植木焉，所患根本未固。固則枝幹不足憂。朝廷治則邊鄙何患乎不安？」並看晏殊，「元獻遺文」（四庫全書珍本」七集），頁一上下，「天聖上殿劄子。」

窺中國，必觀釁而後動。故外憂之起，必始內患。」[56] 范仲淹強調姦邪之凶，更甚夷狄：

自古王者外防夷狄，內防姦邪。夷狄侵國，姦邪敗德。國侵則害加黎庶，德敗則禍起蕭墻。乃知姦邪之凶，甚於夷狄之患。伏惟聖明常好正直，以杜姦邪，此致理之本也[57]。

但是范仲淹並不忽視邊防。他於一〇四二年主張經營洛陽，以備不時之需。又請修汴京城。不幸兩種建議都被主張「守在四夷」的人士所阻止[58]。

王安石的改革講求富國強兵。但其改革的次序，仍然是先內後外。他主張「陛下欲勝夷狄，卽須先強中國。」[59] 甚至在契丹遣使爭河東地界時，據說王安石仍然主張「將欲取之，必固與之。」[60] 司馬光的看法與范仲淹相似[61]。

---

56 「宋名臣奏議」，卷一三一，頁五上。時在寶元元年（一〇三八）。

57 同上，卷一四六，頁十四上。

58 「長編」（「永樂大典」卷一二三九九）頁二十二上至二十四上；卷一四九，頁六下至七上。又「長編史料輯錄」頁四〇九——四一二；四五三——四五四；參看范祖禹之說，見「長編」卷四二八，頁八下至九下；「長編史料輯錄」，頁八〇三。

59 長編卷二三七，頁五；「長編史料輯錄」頁六三七。

60 詳見第六章。

61 「溫國文正司馬公文集」，卷五十七，「遺表」，頁四三一；卷四十五，頁三五一。關於理學家重內的觀念，看陳慶新，「宋儒春秋尊王要義的發微與其政治思想」，「新亞學報」十卷一期（一九七一），頁二六九——三六八。南宋重內的觀念，看 Charles A. Peterson, "First Sung Reactions to the Mongol Invasion of the North," in John W. Haeger, ed. *Crisis and Prosperity in Sung China* (Tucson: The University of Arizona Press, 1975), pp. 249-251.

這種觀念並不能指爲不切實際。不過這種觀念可以被人用來對不切實際的政策的解釋。例如澶淵之盟締訂後，宋眞宗十分滿意，對羣臣說：

> 北陲自古爲患，儻思平憤恚，盡議殲夷，則須日尋干戈，歲有勞費。今得其畏威服義，息戰安民，甚慰朕懷[62]。……

注意他用的「畏威服義」，後來一直被北宋大臣用來解釋此一盟約，而與當時史實不盡符合。例如數年後馬知節說：「西北二方，久爲外患。今契丹求盟，夏臺淸吏，皆陛下威德所致。……」[63]雖然後來眞宗對澶淵盟約轉爲不滿，而以封禪來補償，但是若干宋人竟始終認爲這是威德兼施的成功外交。這種自我安慰和重內輕外的態度在北宋末年達到了極端，靖康元年（一一二六），女眞兵臨汴京城下，陳公輔卻仍在強調內修政事較外攘夷狄爲重要：

> 至於武備，議者必曰當在所先，而臣獨後之者，蓋文武以天保以上治內，采薇以下治外。至於宣王亦曰：內修政事，外攘夷狄。今日雖夷狄深入，禦之爲先，以臣觀之，朝廷若法度修舉，大臣得人，賞罰無私，風俗歸厚，以至下情得通，權綱不失，大略如臣前項所陳，則天下國家無有不治矣[64]。

62　「長編」卷五十八，頁十八上下；「長編史料輯錄」頁二四九。
63　「長編」卷六十七，頁九下——十上；「長編史料輯錄」頁二八二。
64　「宋名臣奏議」卷一五〇，頁三十六下——三十七上。

在這危急之秋，仍然大發不切實際的論調，可見「德治論」在北宋影響之大。

三　對於契丹的實事求是的態度

以下是關於北宋官員對於國防和對契丹的政策的言論的初步分析。從這些不代表官方也不重宣傳的奏疏、詩文裏可以看出來若干士大夫對於契丹持有正確的認識和估價。當時的情勢迫使他們體認到征服契丹的困難，和維持現狀的必要。換言之，雖然若干人士認爲澶淵盟約應當是暫時的安排，久而久之他們逐漸認爲推翻現狀來建立另一種世界秩序並非明智之舉。

宋太宗並不認爲他已經統一天下。在他拒絕羣臣上尊號的詔裏，他說他自己「名浮於寔，甚非所宜。」[65] 後來當司馬光討論上神宗尊號時，特別讚揚太祖、太宗不受尊號（太宗接受過一個尊號）的美德而慨歎眞宗喜歡尊號：

太祖開寶九年，羣臣上尊號，有一統太平字。太祖以燕晉未平，却而不受。是見聖人之志，苟無其實，終不肯有其名也。太宗端拱二年詔，自前所加尊號盡從省去，

65 「宋大詔令集」，卷三，頁十一。

且曰：以理言之，皇帝二字，亦未易兼稱。朕欲稱王，但不可與諸子同爾。羣臣懇請，乃受法天崇道四字而已，其後終身不復增益。先帝治平二年，辭尊號不受，天下莫不稱頌聖德。不幸次年有諂諛之臣言，國家與契丹常有書往來，彼有尊號，而中國獨無，足爲深恥。於是羣臣復以非時上尊號者，甚爲朝廷惜之[66]。

前文提及北宋對內的文書內頗多鄙視契丹的辭句。但是這類文書也有以平等態度對待契丹的。例如宋太祖就位時宣佈大赦的第一通詔書卽稱契丹爲「北敵。」[67]另一個例子是一〇七四年神宗下詔求言，其第一句是：「朝廷通好北人，近八十年。」[68]在宋遼談判邊界的文件裏，很多詔書和地方官向中央的報告裏都用「北人」或「北界」等詞[69]。神宗在地方官的報告和中央官的奏疏後面的「御批」，經常用「敵」和「北人」[70]。他給地方官的「御劄」

---

66 〔長編拾補〕卷三上，頁二十一下——二十二上；〔長編史料輯錄〕，頁六〇六——六〇七。

67 〔宋大詔令集〕，卷一，頁一。

68 同上，卷二一三，頁八一〇。

69 如一〇七二年的若干文書，見〔長編〕卷二三二至二三七；〔長編史料輯錄〕頁六二三——六四〇。

70 見〔長編〕卷二五三——二七六；〔長編史料輯錄〕頁六六八——七二四。在十九件御批裏，神宗只在三件裏用「虜」、「賊」。兩件見〔永樂大典〕卷一二五〇七，頁四上，五上。（〔長編史料輯錄〕頁七〇六）一件見〔長編〕卷二七四，頁十六上。（〔長編史料輯錄〕頁七二三）

所用的名詞也大致相同[71]。這些事實特別值得注意，因爲神宗是太宗以後對外最積極的皇帝，而且他對契丹特別痛恨。他常用「北人」、「北界」、「北敵」也許是由於這些名詞已經成爲習慣用語的緣故。

北宋官方編纂的百科全書和史著裏，的確常稱契丹爲夷狄，但是也有些不是如此。司馬光的〔資治通鑑〕中，從來不用夷狄來稱呼契丹，只用了少數的「胡」字。也許司馬光預知契丹人會讀他的書，而不願引起國際糾紛。也許他一貫的希望與契丹和平相處，因此不願招致契丹的不滿[72]。

北宋初年，官員們大都視契丹爲夷狄，與過去的野蠻部落沒有甚麼差別。但是十一世紀中的官員則大都對於契丹事務有正確的瞭解。有不少的人在一〇〇五年以後因出使契丹而可以作第一手的直接的觀察。這些使臣回國後必需向政府提出報告，作爲政府制定外交方針的

---

71 例如〔長編〕卷二六二，頁二上下（〔長編史料輯錄〕頁六八七——六八八）的注裏有三件御劄。

72 司馬光於一〇六七年上疏主張與契丹維持和平關係。在此疏內他用「契丹」和「虜」兩個名詞。見〔長編〕，〔永樂大典〕卷一二四二九，頁十二上下。〔長編史料輯錄〕頁五八七——五八八。在另外三件奏疏中，他則只用「契丹」和「敵」。見〔長編〕卷二〇五，頁七上——八下（〔長編史料輯錄〕頁六〇〇——六〇一），上於一〇六五年。長編卷三六三，頁十三下至十四下〔長編史料輯錄〕頁七八二——七八三），上於一〇八年。〔長編〕卷三六四，頁三十三下——三十四上（〔長編史料輯錄〕頁七八四），上於一〇八六年。

參考。

關於契丹的一項重要意見是他們與傳統的夷狄以及同時的西夏不同。甚至宋太宗於九九一年也曾作這樣的評論：「今之玁狁，羣眾變詐，與古不同。」[73]十一世紀的政治家大都認識契丹為超越過去四夷的民族。他們常稱契丹為「大遼」、「強隣」、「強敵」、或「北敵」[74]。韓琦指出契丹盡習漢風，自認不可和匈奴、突厥等夷狄相提並論：

> 契丹宅大漠，跨遼東，據全燕數十郡之雄。東服高麗，西臣元昊。自五代迄今，垂百餘年。與中原抗衡，日益昌熾。至於典章文物，飲食服玩之盛，盡習漢風。故敵氣益驕，自以為昔時元魏之不若也。非如漢之匈奴，唐之突厥，本以夷狄自處，與中國好尚之異也。近者幸朝廷西方用兵，違約遣使求關南之地，以啓爭端。朝廷愛念生民，為之隱忍。歲益金幣之數，且固前盟。而尚邀獻納之名，以自尊大。其輕視中國情可見矣[75]。

---

73 〔長編〕，卷三十二，頁四下——五上；〔長編史料輯錄〕頁一四八。

74 如秦觀，〔淮海集〕（商務）卷十八，頁一一七有「大遼」；彭汝礪，〔鄱陽集〕（〔四庫全書珍本〕二集）卷四，頁十八下有「強敵」；朱台符亦稱契丹為「中國之雄敵」見〔長編〕卷四十四，頁四下（〔長編史料輯錄〕頁一六五）；張耒，〔柯山集〕（〔四庫全書珍本〕四集），頁八上有「強隣」。

75 〔長編〕卷一四二，頁十六下——十七上；〔長編史料輯錄〕頁四三八——四三九。

當時人常把「北敵」和「西戎」看成不同的隣國。例如范仲淹堅持不可給予西夏平等的待遇，而契丹則早在北宋建立之前已經建國[76]。尹洙把「西有不臣之虜」和「北有彊大之鄰」分得很清楚[77]。張耒認爲北敵強盛而西戎不足論。他說：「西小而輕，故爲變易；北大而重，故爲變遲。小者疥癬，大者癰疽也。」[78]至於把契丹稱爲「契丹」或「北敵」，而西夏是「西賊」或「叛羌」的例子則頗多，不必一一枚舉[79]。

當時對於契丹瞭解最清楚的，應該是富弼。他於一〇四四年所上的「備邊論」，即「河北守禦十二策」中，特別指出契丹擁有宋人所無的軍事力量，而宋人所有的一切高度發展的文化，契丹卻都具備。富弼說：

> （太祖）與之（契丹）戰，未嘗不克。太宗皇帝因親征之衂，敵志遂驕。頻年寇邊，勝敗相半。眞宗皇帝嗣位之始，專用文德，於時舊兵宿將，往往淪沒。敵驕深

76 〔宋名臣奏議〕卷一三三，頁二十八上下。

77 〔長編〕，〔永樂大典〕卷一二四〇〇，頁十下——十一上；〔長編史料輯錄〕頁四二四。

78 〔柯山集〕卷四十，頁四上，「送李端叔赴定州序」。

79 有些例子已見前文。〔長編〕卷一四一，頁九下（〔長編史料輯錄〕頁四三三）載有歐陽修於一〇四三年的奏疏，其中談及「北敵」和「西賊」。〔長編〕卷一四二，頁十三上下（〔長編史料輯錄〕頁四三七）韓琦上奏，有「北朝」和「賊」的不同。余靖用「北敵」和「西戎」（〔長編〕卷一五一，頁十五下；〔長編史料輯錄〕頁四七八）；范仲淹的用法與余靖同（〔長編〕卷一五一，頁二十五上下；〔長編史料輯錄〕頁四八二）。

> 入，直抵澶淵。河朔大擾，乘輿北幸。於是講金帛啗之之術，以結歡好。自此河湟百姓，幾四十年不識干戈。歲遺差優，然不足以當用兵之費百一二焉。則知澶淵之盟，未爲失策。……臣深見二敵爲患，卒未甯息。西伐則北助，北靜則西動。必欲舉事，不難求釁。通和則坐享重幣，交戰則必破官軍。叛而復和，孰敢不許？擒縱自在，去住無梗。兩下牽制，困我中國。有何大害而不爲邊患？有何後悔而長守歡盟？渝盟擾邊，我則遂困。不幸凶荒相繼，盜賊中起，二敵所圖，又甚大矣。自契丹侵取燕薊以北，拓跋自得靈夏以西，其間所生豪英，皆爲其所用。得中國土地，役中國人力，稱中國位號，仿中國官屬，任中國賢才，讀中國書籍，用中國車服，行中國法令。是二敵所爲，皆與中國等，而又勁兵驍將，長於中國。中國所有，彼盡得之；彼之所長，中國不及。當以中國勁敵待之，庶幾可禦。豈可以上古之夷狄待二敵也[80]！

所謂「二敵」就是契丹和西夏。富弼認爲他們與古時的夷狄不同，而有「當以中國勁敵待之，庶幾可禦」的警語。持相似看法的還有錢彥遠，他於一〇四六年上疏說：

> 古者，夷狄言語衣服與中國不同。其來也，不過驅老弱，掠畜產而已。今契丹據山

80　〔長編〕，卷一五〇，頁十六上——十七上；〔長編史料輯錄〕頁四五九——四六〇。

後諸鎮，元昊盜靈武銀夏，衣冠、車服、子女、玉帛，莫不用之[81]。……王安石雖然屢次稱契丹爲夷狄，力主富國然後攘夷，但是他也承認「累世以來，夷狄人眾地大，未有如今契丹。」[82]

其次，若干大臣指出在應付夷狄的侵略方面，必須小心從事，因爲夷狄勢力的消長，非中國所能把握。北宋初，王禹偁卽討論「德」與「時」這兩個重要因素：

臣今獨引漢文帝時事，以爲警戒。……文景之世，軍臣單于最爲強盛，肆行侵掠，候騎至雍，火照甘泉。哀平之時，呼韓邪單于每歲來朝，委質稱臣，邊烽罷警。此豈係於歷數，而不由于道德耶？臣以爲不然矣。且漢文帝當軍臣強盛之時，而外能任人，內能修德，使不爲深患者，是由乎德也。哀平當呼韓邪衰弱之際，雖外無良將，內無賢臣，而使之來朝者，是繫於時也[83]。……

歐陽修就這一點有簡單精到的分析：

自古夷狄之於中國，有道未必服，無道未必不來。蓋自因其衰盛。雖嘗置之治外，

81 〔長編〕卷一五九，頁五下；〔長編史料輯錄〕頁五一一。
82 〔長編〕卷二三六，頁一下，〔長編史料輯錄〕頁六二九。
83 〔長編〕卷三十，頁六上；〔長編史料輯錄〕頁一三三。

而羈縻制馭恩威之際，不可失也。其得之未必爲利，失之有足爲患，可不愼哉[84]！

本文上節曾討論宋人「修德」重於「禦戎」的主張，以及重內輕外的趨勢。若干走極端的人士，不顧及王禹偁提出的「時」的要素，一味忽視國防而迷於修德，自然是不切實際的。但是修德和不干涉外夷事務也有切合實際的一面，而形成北宋「禦戎論」和「備邊論」重要的一環。當宋太宗於九八六年準備二次北伐契丹時，深通契丹事務的宋琪上疏言制勝之策，卻認爲和平纔是得策：「聖人務好生之德，設息兵之謀。雖降志以難甘，亦和戎而爲便。」又說：「兵爲凶器，聖人不得已而用。若精選使臣，不辱君命，通盟結好，弭戰息民，此亦策之得也。」[85]同年宰相李昉等的奏疏中，亦主張與契丹和平相處，有利無害。所謂「屬於一人之下，伸於萬人之上」：

……況天生北狄，爲患中國。漢高祖以三十萬之衆，困於平城，卒用奉春之言，以定和親之策。以至文帝，奉之彌優。外示羈縻，內深抑損，而邊城晏閉，黎庶息肩。所傷匪多，其利甚溥矣。況獯鬻之性，惟利是求。儻陛下深念比屋之磬縣，稍

---

84 〔新五代史〕卷七十二，「四夷附錄」，頁一上。

85 〔長編〕卷二十七，頁一下至六上（〔長編史料輯錄〕頁一〇二——一〇六）。〔宋會要輯稿〕八，頁七六七九——七六八二亦載此疏，與〔長編〕略有不同，且繫於端拱二年正月。李燾於小注中已注明應在雍熙三年。

減千金之日費，不煩兵力，可弭邊塵。此所謂屈於一人之下，伸於萬人之上者也[86]。

由此可知在太宗末年，與契丹通和的輿論已經形成。九八九年，太宗下詔給文武羣臣，「各陳備邊禦戎之策。」上章的有溫仲舒、張洎、王禹偁、田錫等。張洎主張「唯練兵聚穀，分屯塞下。來則備禦，去則無追。」次年張洎再上疏談守勢說：

> 夫禦戎之道有三策焉。前代聖賢論之詳矣。繕修城壘，依憑險阻，訓戎聚穀，分屯塞下。來則備禦，去則勿追，策之上也。偃草櫜弓，卑辭厚禮，降王姬而通其好，輸國貨以結其心。雖屈萬乘之尊，暫息三邊之戍，策之次也。練兵選將，長驅深入，擁戈鋋而肆戰，決勝負於一時，策之下也[87]。

李至也主張對外夷採取懷柔政策：

> 北狄爲患，自古而然。不足致怒，唯在御之得其道爾。若綏之以德，則其用功也逸，其經費也約，其見效也速，其保安也久。而無衒耀彰灼之名，但有安樂富壽之實[88]。

86 〔長編〕卷二十七，頁十五上下；〔長編史料輯錄〕頁一一四。

87 張洎等的奏疏見長編卷三十，頁一上——十三下；〔長編史料輯錄〕頁一二九——一三七。

88 〔宋名臣奏議〕卷一三〇，頁一下。上奏時在端拱二年正月。

田錫指出對外要示之以德，也要立威：

自古制御蕃戎，但在示之以威德。示之以威者，不窮兵黷武，不勞人費財。示之以德者，比之如犬羊，容之若天地。或來朝貢，亦不阻其歸懷；或背離盟，亦不怒其侵叛[89]。

在澶淵盟約訂立以後，北宋君臣大都認爲和平較戰爭爲經濟。如富弼指出，付給契丹的歲幣只佔用兵時軍費的百分之一、二[90]。但是和平的弊端也並未被北宋有識之士所忽視。他們認爲歲幣不僅養肥了契丹，也使中國財政拮据。范仲淹即曾指出，自石晉造成「千古之恥」後，一直未能湔雪。宋遼通和在他看來是「有所待」的。但是天下無事既久，「人人懷安，不復有征戰之議。」[91]王安石對神宗說：「今乃稱契丹母爲叔祖母，稱契丹爲叔父。更歲與數十萬錢帛。此乃臣之所恥。然陛下所以屈己如此者，量時故也。」[92]蘇東坡更是悲憤：

昔者大臣之議，不爲長久之計，而用最下之策。是以歲出金繒數十百萬以資強虜。

89 同上，卷一四五，頁二下。上奏時在太平興國六年九月。
90 見前引富弼「河北守禦十二策。」
91 〔宋名臣奏議〕卷一三四，頁二十六上。
92 〔長編〕卷二三七，頁六上；〔長編史料輯錄〕頁六三七。

……二虜之大憂未去，則天下之治終不可爲也[93]。

和平關係是否能够持久？條約是否可靠？這些問題是北宋大臣時常引爲警惕的。在契丹與西夏結爲甥舅之國後，他們更是憂慮。首先指出契丹與西夏可能結爲盟邦來對付北宋的是何亮，時在西元九九九年[94]。韓琦於一〇三五年即擔憂「西北二陲。」[95]歐陽修於一〇四三年上言契丹利用西夏以得益[96]。富弼更指出兩國「西伐則北助，北靜則西動。」[97]

至於邊防，北宋朝野人士也極爲注意。自燕雲十六州失陷後，河北沿邊沒有自然的障礙可守。因此各種邊防措施，如開掘河道，種植榆柳，加強軍事重鎮的守備等，都一直採取和

93 〔東坡應詔集〕（〔四部備要〕），卷一，頁二下。

94 〔長編〕卷四十四，頁十六上至二十上；〔長編史料輯錄〕頁一七二——一七六。

95 〔長編〕卷一一九，頁六下；〔長編史料輯錄〕頁三八三。

96 〔長編〕卷一四一，頁九上——十一上；〔長編史料輯錄〕頁四三三——四三五。

97 見前引富弼「河北守禦十二策。」類似的看法見夏竦，〔文莊集〕卷十三，頁十八上——十九下：「進策」。張方平，〔樂全集〕卷十八，頁三十一下。劉敞，〔公是集〕（〔四庫全集珍本〕別輯）卷四十，頁十五下——十八上：「縱橫論」。呂陶，〔淨德集〕（〔四庫全書珍本〕別輯）卷十九，頁一上——七下：「慮邊論」。劉摯〔忠肅集〕（〔四庫全書珍本〕別輯）卷六，頁二十一上。華鎮〔雲溪居士集〕（〔四庫全書珍本〕初集）卷十八，頁十二上——十四上：「禦戎論。」

維持[98]。

比較積極的人士，主張充實國防後，停止給契丹的歲幣[99]。北宋君臣並非全都主張對契丹懷柔。田錫卽曾主張提倡「武德」，著有「武有七德頌。」[100]宋祁強調武力是唯一能制服外夷的因素[101]。歐陽修在慶曆年間（一〇四一——四八）的言論頗具侵略性，尤以對西夏爲甚。王安石改革的終極目標是制夷狄，在此不必深論了。

最後應當一提，北宋朝野人士對外族和國防的看法，有些是沿襲過去的，有些是因應新情勢而形成的。茲舉范祖禹的言論，作爲把傳統和創新交織在一起的一例。這個例子討論唐代史實而影射宋朝政策，特別有意義。范祖禹曾參與〔資治通鑑〕的撰寫工作，負責唐代部

98 宋祁在他的「和戎論」和「禦戎論」中討論邊防頗為詳盡。見〔景文集〕（〔四庫全書珍本〕別輯）卷四十四。其他論邊防的文字有胡宿，〔文恭集〕卷八，頁六下——七上：「論河北邊備十事。」頁九下——十二上：「論邊事。」胡宿於一〇六一至六六年任樞密副使。呂陶〔淨德集〕卷五，頁十五下——十六上：「奉使契丹回上殿劄子。」此外富弼有「河北守禦十二策」，早期的張洎也有長篇的建議，見〔長編〕卷三十，頁一上至二下；〔長編史料輯錄〕頁一二九——一三三。

99 例如陳舜俞，〔都官集〕，卷一，頁十上——十一下：「太平有為策：利用四。」呂陶，〔淨德集〕，卷十九，頁六上——七上。

100 〔咸平集〕卷二十一。李廌有「慎兵論」，見〔濟南集〕（〔四庫全書珍本〕別輯），卷六，頁十九下——二十上。

101 〔景文集〕卷四十四，頁十三下。

分。後來把司馬光不採擇的意見，成書出版，題爲〔唐鑑〕[102]。他對唐代的對外政策頗多批評，認爲太宗的功業不足法。他說：

昔之有天下者，莫不以冠帶四夷爲盛德大業。何哉？故嘗試論之曰：中國之有夷狄，如晝之有夜，陽之有陰，君子之有小人也。中國失政，則四夷交侵。先王所以御之者，亦可得而略聞矣。舜曰：而難任人，蠻夷率服。又曰：無怠無荒，四夷來王。然則欲其率服，莫若難任人；欲其來王，莫若無怠荒。柔遠能邇，治內安外，而殊俗之民，嚮風慕義，不以利誘，不以威脅，而自至矣。欲附者則撫之，不欲者不強致也。故不勞民，不費財。至於後世之君，或以讎疾而欲殄滅之，或愛悅而欲招來之。是二者皆非也。何則？彼雖夷狄，亦猶中國之民也。趨利避害，欲生惡死，豈有異於人乎？王者於天地之間，無不養也。鳥獸草木猶當愛之，況人類而欲殘之乎？殘之固不可，況不能勝而自殘其民乎？仁人之所不爲也。爲之者，秦始皇是也。山川之所限，風氣之所移，言語不通，嗜欲不同，得其地不可居，得其民不可使也。列爲州縣，是崇虛民而受實弊也。且得之既以爲功，則失之必以爲恥。其

102 商務印書館本。以下所引取自卷六，頁四十九——五十一。關於〔唐鑑〕的內容，參看劉德美，「范祖禹與唐鑑」，〔食貨月刊〕九卷七、八期（民國六十八年），二七六——二八四。

失不在於己，則在於子孫。故有征討之勞，餽餉之煩，民不堪命，而繼之以亡，隋煬是也。且中國地非不廣也，民非不衆也，曷若無得無失，修其禮樂政刑，以惠養吾民，使男有餘粟，女有餘布，兵革不試，以致太平。不亦帝王之盛美乎？故有求於外，如彼其難也。無求於外，如此其易也。然而人君常捨所易，而行所難。何哉？忽近而喜遠，厭故而謀新。不入於秦，則入於隋。雖不至於亡，而常與之同事，其累德豈細哉！太宗矜其功能，好大無窮，華夷中外，欲其爲一。非所以遺後嗣，安中國之道。此當以爲戒，而不可慕也。

這段議論的主旨在與四夷和平相處，主張「治內安外」。他以爲夷狄是人，故不應殺人，也不應爲殺人而令中國百姓被殺。又認爲好大喜功不僅花費大，而且得夷狄之地不能長保。所以秦始皇，隋煬帝和唐太宗都「不可慕」。這種議論可作爲北宋主和論者的一個代表，同時並反映北宋武功不如唐代，因此發爲議論，辯護主和政策強於主戰。

四　結論

北宋朝野人士對於契丹的看法，可以歸納成兩種意見。一種是源於傳統的唯中國是尊的我族中心主義，反映於官方的文件（不公開於契丹的）和官員們爲慶典所作的正式文書或頌辭中。這些文書大都維護中國文化優於四夷，而四夷都來朝貢的傳統。對於宋遼關係的解釋，則爲中國將「威德論」付諸實施，以致契丹慕義歸附，與中原相安。北宋學者並以正統論和陰陽論來維護中原的優越地位。

另一種意見是基於實事求是的態度，對於契丹的實力從各方面加以客觀的估價。富弼等政治家基於這種平實的態度，而建議政府採取理性的外交政策。這一政策的形成及其優點反映在慶曆年間的外交關係上。當時朝廷廣徵意見，通力合作，以致獲得了成功的對遼夏的外交。

以上這兩種意見並不是互不相容的，背道而馳的意見。同一個人在不同的機緣裏也許會持有看來頗爲矛盾的觀點。例如蘇轍於出使遼廷後曾向朝廷提出對於遼朝事務相當透澈的觀察報告，但是另一方面則仍指「北狄」是「禽獸。」[103]

保守的人士如司馬光和陳公輔堅持「威德論」，而對外主張通和。激進的改革派如范仲淹和王安石則對契丹，尤其西夏，持有敵視的態度。但是范、王二人的政策卻是相當持重和

103 蘇轍，〔欒城後集〕（〔四部叢刊〕初編），卷十一，頁五八三：「燕薊」。〔欒城應詔集〕（〔四部叢刊〕初編），卷十一，「王者不治夷狄論。」卷一至五，「進論」。

理性的，著重內政的改革以達到富國強兵。

對於契丹的一般性的認識，即契丹能够採取中原文化的優點，以其軍事力量爲基礎，建立強大的「北朝」，影響到宋人對於國際秩序的重新評估。他們體認到推翻現實的困難，因而轉移其注意力到內政上去。在這種環境中，比較實際的人士繼續不斷的警告宋遼關係上的潛在危機，提醒鞏固國防的必要。但是比較趨於理想的人士則逐漸忽略了這一危機，主張以德懷遠。在這種背景下，若干人批評漢唐的武功，認爲好大喜功不足爲法。久而久之，對於德治的迷信終於形成了對於加強武備抵抗侵略的一個大障礙。

第六章　王安石的對遼外交政策

一　前言

本章試圖探討王安石的對遼外交政策。分析的基礎是王安石當政時主持的兩次互相關聯的對遼交涉。在這兩次交涉中，王安石和宋神宗兩人是最主要的決策者。

在未進入本題之前，必需先作史料的鑑別工作。〔宋史〕中關於王安石的史料很有偏見，因為〔宋史〕的編者大都根據司馬光的〔涑水紀聞〕和邵伯溫的〔邵氏聞見前錄〕等筆記中有關王安石的記載來撰寫王安石的事蹟。這些史料是出自保守派，反對王安石新政的人的手筆，所以不可盡信。〔宋史〕採用這些史料，不一定是直接的，而是間接錄自〔神宗實錄〕。

〔神宗實錄〕的第一次纂修是在元祐時由舊黨的范祖禹、黃庭堅和王安石的門人陸佃負責。陸佃曾經幾次與黃庭堅爭辯應當如何處理變法的史實。庭堅說：「如公言，蓋佞史也。」陸佃說：「如君言，豈非謗書乎？」由於舊黨勢力大，第一次修成的〔實錄〕是對王安石不利的。

紹聖改元，新黨起而執政。新黨重修〔實錄〕，由蔡卞用朱筆塗抹，稱爲「朱墨本」。其內容多根據王安石的〔日錄〕。這一次的修訂，尙未定稿，而有靖康之難。南渡後，紹與四年（一一三四），第三次修訂的〔神宗實錄〕由范祖禹之子范冲進呈。這一個本子自然對王安石不利，而這也就是〔宋史〕所根據的底本。

南宋李燾編寫〔續資治通鑑長編〕時，除使用第三次修訂的〔神宗實錄〕外，還採用了「朱墨本」以及王安石〔日錄〕。所以他可以比較考訂不同的史料。李燾是反對新法的，他的看法偏向舊黨。但是一般說來他的史筆還算公允，而且保留下了一些不同的意見和抄錄了內容歧異的史料，供後人參考。本文所用的主要史料，就是〔續資通鑑長編〕[1]。由於〔長

1 關於史料的討論，最完全的是清人蔡上翔的〔王荆公年譜考略〕（存是樓藏板，卷首序言日期為嘉慶九年。共二十五卷，雜錄二卷，附錄一卷）。梁啓超的〔王荆公〕（列入〔飲氷室合集〕專集第七冊，上海中華書局）採用了蔡上翔的考證，為王安石辯誣。

編」根據的史料有上述的問題，所以在本文中將採取極爲審愼的態度來考慮這些史料。

其次，王安石在熙寧年間對遼交涉開始前和開始之際的基本態度，也需要在此作一簡單的敍述。根據這一基本態度，在後文中可以將其後的看法作比較，因而看出他的態度的一致性及其轉變的地方。

在王安石的著作和「續資治通鑑長編」保存的談話紀錄裏，可以發現他把內部的改革放在優先的地位，認爲內政的革新成功後，自然可以進而解決外交上的問題。在他於仁宗嘉祐三年（一〇五八）所上的萬言書裏，已經向仁宗提出改革內政的建議，對於外交，則祇說：「內則不能無以社稷爲憂，外則不能無懼於夷狄。」[2] 並進而指出軍事改革的必要。在熙寧五年（一〇七二）上神宗疏中，他認爲：

> 陛下修身齊家，雖堯舜文武亦無以過。至精察簿書刀筆之事，羣臣固未有能承望清光。然帝王大略似當更討論，……此非不察於小事也，乃不明於帝王之大略故也。
>
> 陛下以今日所爲，不知終能調一天下，兼制夷狄否？臣愚竊恐終不能也[3]。

這種看法和十一世紀中葉很多大臣的看法沒有甚麼不同。例如范仲淹主張治理國家必須先治

2 王安石「臨川先生文集」（「四部叢刊」縮本），卷三十九，「上仁宗皇帝言事書」，頁二四三。

3 「長編」，卷二二九，神宗熙甯五年正月壬寅。參看「長編史料輯錄」，第二冊，頁六二一。

內，再理外[4]。

王安石和神宗於熙寧四年至五年（西元一〇七一至一〇七二年）的談話紀錄，顯示王安石在外交上採取的基本立場。熙寧四年，邊報契丹遣軍隊三十萬人赴西夏，幫助後者平定西邊部族。神宗擔心契丹的企圖是要侵略宋朝。王安石則認爲不致於如此。以下是神宗、安石和馮京的討論：

安石曰：陛下誠以靜重待之，雖加一契丹，於邊事亦不至狼狽。若欲進取，非臣所知。且我堅壁清野，積聚芻糧以待敵，則敵未能深爲我患。而彼兩國集於境上，其芻糧何以持久？我所患者，在於芻糧難繼而已。愛惜芻糧，無傷民力，而以靜重待敵之釁，則外患非所恤也。

馮京曰：恐其如慶曆時事。

安石曰：慶曆自是朝廷失節，以致嫚侮。

京曰：去告彼令說與夏國，彼便承當，以爲此極小事。

上曰：契丹前後極有機會可乘，朝廷自失之。如眞宗末年欲託後嗣，朝廷却宜與承當。

4 參看本書第五章，頁一一二。

安石曰：此亦何補？若其後嗣強桀，豈以此故肯屈服？若孱懦，雖無此亦何難屈服？且勝夷狄，只在閒暇時修吾政刑，使將吏稱職，財穀富，兵強而已。虛辭僞事不足爲也[5]。

安石對於慶曆時期由於契丹和西夏同時對宋施加壓力，以致增加了給予契丹的歲幣，頗爲不滿。他強調實力外交：「且勝夷狄，只在閒暇時修吾政刑，使將吏稱職，財穀富，兵強而已。」外交手腕的運用，若無實力爲後盾，是無濟於事的「虛辭僞事」，不必去做。

這次討論後的第二天，神宗下令戒諭邊將，不可在邊疆生事：

又曰：方今國財民力皆困匱，紀綱政事正宜修理，卿等更勉圖其宜。

王安石曰：昔魏徵有言：中國既安，遠人自服。此實至理。自古未有政事修，而財用不足，遠人不服者。

吳充曰：詩有之：惠此中國，以綏四方。蓋先於治內爾[6]。

熙寧五年四月，王安石再次強調如果神宗要安天下，制夷狄，必須制定大計：

---

5 〔長編〕卷二二〇，熙甯四年二月庚午；〔長編史料輯錄〕第二册，頁六一八。關於慶曆年間的對遼夏外交，參看本書第四章。

6 〔長編〕卷二二〇，二月辛未；〔長編史料輯錄〕，頁六一八。

邊事尋當帖息，正宜討論大計。如疆場尺寸之地，不足校計，要當有以兼制夷狄，乃稱天所以畀付陛下之意。今中國地廣民衆，無纖芥之患，四夷皆衰弱。陛下聰明齊聖，憂勤恭儉，欲調一天下，兼制夷狄，極不難。要討論大計而已。

神宗擔心糧不足，兵亦不足。王安石強調：

方今之患，非兵糧少，亦非無將帥也。若陛下能考核事情，使君子甘自竭力，小人革面不敢爲欺，卽陛下無爲而不成。調一天下，兼制夷狄，何難之有？

神宗聽了，「大悅」[7]。

這是王安石的基本立場，也是在熙寧五年、六年（一〇七二至一〇七三）間宋與遼在河北發生邊界糾紛時，王安石的一貫立場。至於實行對契丹和西夏比較積極的政策，除先安內，後攘外之外，攘外的步驟始終是先從西夏下手的。例如熙寧五年王安石說了下面這段話：

安石曰：能有所縱，然後能有所操。所縱廣，然後所操廣。契丹大情可見，必未肯渝盟。陛下欲經略四夷，卽須討論所施先後。……臣以爲政如王韶所奏，陛下若能經略夏國，卽不須與契丹爭口鋪，契丹必不敢移口鋪。若不能如此，雖力爭口鋪，

7 〔長編〕卷二三二，熙甯五年四月壬子；〔長編史料輯錄〕，頁六二二。

恐未能免其陵傲。上曰：若能討蕩夏國，契丹可知不敢。安石曰：以中國之大，陛下憂勤政事，未嘗有失德，若能討論所以勝敵國之道，區區夏國，何難討蕩之有？不務討論此，乃日日商量契丹移口鋪事，臣恐古人惜日，不肯如此[8]。

二 界河糾紛：一〇七二——一〇七三

熙寧五年（一〇七二）春，北宋朝廷接到河北邊吏的報告，說契丹騎兵數千越過界河，並且在界河捕魚，發生射傷宋方邊兵的事件。朝廷下令乘契丹使人在境時，由送伴使晁端修等告訴他們這件事，說明宋方沒有「先起事端」。請他們向遼朝報告，「嚴加約束」[9]。

接着繼續不斷的有類似的報告傳到宋廷。如六月十七日（乙丑）知雄州張利一言：「遼人修城隍，點閱甲兵，必有奸謀，宜先事爲備。」[10] 二十八日，張利一建議用兵驅逐越界的契丹人馬。王安石不贊成，他說：

---

8 〔長編〕卷二三七，熙甯五年八月丁酉；〔長編史料輯錄〕，頁六三九——六四〇。

9 〔長編〕卷二三二，熙甯五年四月庚申；〔長編史料輯錄〕頁六二三。

10 〔長編〕卷二三四，熙甯五年六月乙丑；〔長編史料輯錄〕，六二四。

> 雄州亦自創添弓手過北界巡，卽彼兵來，未爲大過。今戎主非有倔強，但疆吏生事，正須靜以待之。若爭小故，恐害大計。就令彼巡兵到雄州城下，必未敢攻圍雄州。若我都不計較，而彼輒有鹵掠侵犯，卽曲在彼，我有何所害？

神宗遂戒張利一不得妄出兵，同日下詔：「措置北界巡馬事，令依累降約束以理約攔出界，及移文詰問。未宜輕出人馬，以開邊隙。」11

七月，經略使孫永請罷宋方鄉巡，以爲契丹必因此罷巡馬。十一日，政府下令：「無故不得鄉巡，免致騷擾人戶。」王安石在討論這件事的時候說：

> 我約彼巡馬不來，卽減罷弓手。彼約我減罷弓手，卽巡馬不來。兩相持，所以不決。今我不須問彼來與不來，但一切罷鄉巡弓手，彼若引兵過拒馬河，亦不須呵問。彼若鈔刼兩屬人戶，自須警移歸，徐理會未晚。料彼非病瘋狂，豈可非理自騷擾鈔掠兩屬人戶。若不鈔掠兩屬人戶，又必不敢攻取雄州。任其自來自去，都不省問，復何所爭校？

當馮京指出這樣作可能招致契丹吞併兩屬人戶時，王安石甚至答覆：「必無此理。然兩屬人戶才四千餘，若朝廷有大略，卽棄此四千餘戶，亦未有損。」文彥博和馮京極力反對。結果

---

11 〔長編〕卷二三四，熙甯五年六月丙子；〔長編史料輯錄〕，六二五。

神宗同意王安石和孫永的主張。在這次爭論裏，王安石有一段話說明處事有先後緩急的分別，勸神宗不必急躁：

陛下富有天下，若以道御之，卽何患吞服契丹不得？若陛下處心自以爲契丹不可吞服，西夏又不可吞服，只與彼日夕計校邊上百十騎人馬往來，三二十里地界相侵，恐徒煩勞聖慮，未足以安中國也。自古四夷如今日，可謂皆弱。於四夷皆弱之時小有齟齬，未嘗不爲之惶擾。若有一豪桀生於四夷，不知何以待之[12]？

但是，李燾在記錄這一次議論後寫道：

朝廷旣罷鄉巡，而北界巡馬亦不爲止。盜賊滋多，州縣不能禁。

又在注腳裏說明：

巡馬亦不爲止，而盜賊滋多，州縣不能禁。此墨本舊語，蓋因密院時政記也。朱本遂削去。今附存之，庶不失事實。〔會要〕邊防所載，亦與墨本舊語同。朱本輒削去，蓋爲安石諱爾[13]。

---

12 〔長編〕卷二三五，熙甯五年七月戊子；〔長編史料輯錄〕，六二五——六二八；〔宋會要輯稿〕八，第一八六冊，〔兵〕二八之十二，頁七二七五。

13 〔長編〕卷二三五，熙甯五年七月戊子；〔長編史料輯錄〕，第二冊，頁六二八；〔宋會要輯稿〕八，第一八六冊，兵二八之一二，五年七月十一日條：「始北人自春以來，日遣巡馬過拒馬河，非故事也。邊臣謂北人因鄉巡弓手故增巡馬，若罷鄉巡則彼界巡馬勢自當止。朝廷從之。巡馬亦不為止，而盜賊滋多，州縣不能禁。」

李燾在〔長編〕裏仍在其後記有契丹巡馬越過拒馬河來騷擾及移口鋪的事。閏七月一日當雄州報告已經將契丹人馬驅逐出界時，王安石又有異議。神宗也認爲應當驅逐，王安石說：

> 彼若欲内侮，卽非特移口鋪而已。若未欲内侮，卽雖不編攔襲逐，何故更移口鋪向裏？若待彼移口鋪向裏，乃可與公牒往來理會。昨罷鄉巡弓手，安撫司止令權罷。臣愚以爲旣欲以柔靜待之，卽宜分明示以不爭。假令便移口鋪，不與爭，亦未妨大略。

神宗說：「若終有以勝之，卽雖移口鋪不爭可也。」王安石應道：

> 終有以勝之，豈可以它求？求之聖心而已。聖心思所以終勝，則終勝矣。陛下夙夜憂隣敵，然所以待隣敵者，不過如爭巡馬過來之類。規模止於如此，卽誠終無以勝敵。大抵能放得廣大，卽操得廣大。陛下每事未敢放，安能有所操？累世以來，夷狄人衆地大，未有如今契丹。陛下若不務廣規模，則包制契丹不得。

又說：

> 欲大有爲，當論定計策，以次推行[14]。

安石仍然強調政策有先後緩急，應當以大局爲重。由於政府調查契丹巡馬過河事件的經過，

14 〔長編〕卷二三六，熙甯五年閏七月戊申；〔長編史料〕輯錄，頁六二九。

發現知雄州張利一添差鄉巡弓手，以致引起北界的騷擾行動，於是王安石主張懲責生事的張利一，神宗同意。安石並且主張要立刻執行，讓契丹知悉宋方懲戒了生事的邊臣，纔能表現宋方維持和平的誠意。閏七月九日，朝廷上發生爭論。馮京、王珪、文彥博等不贊成王安石的辦法。馮京認爲整個事件顯示契丹有意佔領兩屬地。神宗則以爲「自來契丹要陵蔑中國。」王安石辯稱：

不然，陛下卽位以來，未有失德。雖未能強中國，修政事，如先王之時，然亦未至便可陵蔑。所以契丹修城、畜穀，爲守備之計，乃是恐中國陵蔑之故也。若陛下計契丹之情如此，卽所以應契丹者，當以柔靜而已。天下人情，一人之情是也。陛下誠自反，則契丹之情可見。………不知我以柔靜待契丹，何故乃反欲爲呑噬侵凌之計。契丹主卽位已二十年，其性情可見，固非全不顧義理，務爲強梁者也。然則陛下以柔靜待契丹，乃所以服之也[15]。

結果朝廷以馮行己代張利一知雄州，緣界河巡檢趙用追一官勒停[16]。

不久，又有關於契丹欲用兵力支持於拒馬河南十五里處移立口鋪的報告。王安石在二十

---

15 〔長編〕卷二三六，熙甯五年閏七月丙辰；〔長編史料輯錄〕，頁六三一。

16 〔長編〕卷二三六，熙甯五年閏七月庚申；〔長編史料輯錄〕，頁六三三。

五日的討論中，仍然認爲「契丹主卽位幾二十年，所爲詳審，必不肯無故生事。」並且判斷契丹不會南侵，主張先制夏國[17]。

八月六日，朝廷議論邊事時，王安石一貫的不主張生事。強調：「陛下欲勝夷狄，卽須先強中國。詩曰：無競惟人，四方其訓之。然則強中國在於得人而已。」[18] 八日，王安石聲言他並不是安於屈辱：

陛下爲四海神民主，當使四夷卽敍。今乃稱契丹母爲叔祖母，稱契丹爲叔父，更歲與數十萬錢帛，此乃臣之所恥。然陛下所以屈己如此者，量時故也。今許其大如此，乃欲與彼疆埸之吏爭其細，臣恐契丹豪傑，未免竊笑中國[19]。

二十一日，安石仍以爲對契丹不宜生事：「陛下欲經略四夷，卽須討論所施先後。」力主策畫如何經略西邊[20]。九月初，王安石指出對於邊事的先後緩急，不可不注意。應當採取拖延外交，同時積極充實邊備。如果能够「修攻守之備，可以待契丹，卽雖幷雄州不問，未爲失計。若不務急修攻守之備，乃汲汲爭口鋪，是爲失計。」[21] 甚至於在次日（九月二日丁未）

---

17 〔長編〕卷二三六，熙甯五年閏七月壬申；〔長編史料輯錄〕，頁六三五。
18 〔長編〕卷二三七，熙甯五年八月壬午；〔長編史料輯錄〕，頁六三七。
19 〔長編〕卷二三七，熙甯五年八月甲申；〔長編史料輯錄〕，頁六三七——六四〇。
20 〔長編〕卷二三七，熙甯五年八月丁酉；〔長編史料輯錄〕，頁六三九——六四〇。
21 〔長編〕卷二三八，熙甯五年九月丙午；〔長編史料輯錄〕，頁六四〇——六四一。

的爭辯裏，王安石和文彥博針鋒相對：

彥博曰：交兵何妨。安石曰：河北未有備，如何交兵無妨？彥博曰：自養兵修備到今日，如何却無備？上曰：朕實見兵未可用。與契丹交兵未得。彥博曰：契丹若移口鋪侵陵我，如何不爭？安石曰：朝廷若有遠謀，卽契丹占却雄州，亦未須爭。要我終有以勝之而已。彥博曰：彼占吾地，如何不爭？占雄州亦不爭，相次占瀛州又不爭。四郊多壘，卿大夫之辱[22]。……

神宗最後還是首肯了王安石的主張。

不久，政府又接到邊吏的調查報告，指張利一過去有一些措施招引了契丹的巡馬騷擾兩屬戶。神宗和王安石遂再將張利一和趙用降官[23]。雖然契丹的擾亂並沒有因爲宋廷的這個「柔靜」的政策而完全停止，但是熙寧六年（一〇七三）河北沿邊關於契丹巡馬來侵擾的報告減少了很多，則是事實。其中比較嚴重的一次，是六月間契丹巡馬五百餘騎進入兩屬地[24]。

22 〔長編〕卷二三八，熙寧五年九月丁未；〔長編史料輯錄〕，頁六四二——六四三。
23 〔長編〕卷二三八，熙寧五年九月庚申；〔長編史料輯錄〕，頁六四五——六四六。
24 〔長編〕卷二四五，熙寧六年六月丙申；〔長編史料輯錄〕，頁六五一。

三　畫界交涉：一〇七四——一〇七六

熙寧七年（一〇七四）春天，諜報契丹將遣使要求交還關南地。神宗很是憂慮。王安石則力言不必擔心，但是主張不能放棄土地。同時他積極充實邊備，認為以一年的時間可以做到不慮契丹侵略的程度[25]。

三月十九日，遼主派遣的泛使（特使）蕭禧呈遞遼的國書，以宋人侵入遼界為藉口，要求重新畫分河東、河北、蔚、應、朔三州的地界：

其蔚、應、朔三州土田一帶疆里，祇自早歲曾遣使人，止於舊封，俾安鋪舍，庶南北永標於定限，往來悉絕於姦徒。洎覽舉申，輒有侵擾，於全屬當朝地分，或營修戍壘，或存止居民。皆是守邊之冗員，不顧睦隣之大體，妄圖加賞，深越封陲。……據侵入當界地里所起鋪形之處，合差官員，同共檢照，早令毀撤，却於久來元定界至再安置外，其餘邊境更有生創事端，委差去使臣到日，一就理會[26]。……

25 〔長編〕卷二五〇，熙甯七年二月丙子；〔長編史料輯錄〕，頁六五五九。

26 〔長編〕卷二五一，熙甯七年三月丙辰；〔長編史料輯錄〕，頁六六六四。

神宗一見來書不過是要求畫分地界，並沒有要求割地，心中釋然，遂當面諭遼使，畫界乃「細事」，可由地方官會同遼朝官吏解決。數日後，命劉忱、蕭士元、呂大忠與遼人商量地界。此外，遼使以雄州修建防禦工事有違誓約，神宗亦答允拆除。三月二十六日，宋廷回遼朝的國書，說明有誠意解決邊界的糾紛[27]。遼人亦命蕭素、梁穎至代州邊界與宋使談判。當時宋人如鄧綰、劉庠等主張堅決拒絕遼人的要求，以免引起對方進一步的野心。但是他們的主張沒有被朝廷採納[28]。

王安石於熙寧七年（一〇七四）四月罷相，改任江寧。直到熙寧八年二月再相。這段期間的宋遼交涉，他沒有參加。當時的主要談判，是劉忱等與遼官員於九月十三日開始的一連串會議中舉行。遼人堅持欲以蔚、應、朔三州分水嶺爲界，並以兵侵入代州。十月，宋遼使人會於大黃平，爭執久不決。至十二月，改以公牒往還，不再直接談判。

次年（一〇七五）三月，遼使蕭禧再至，呈遞的國書中催促宋人早日與遼商定地界。神宗有意讓步，罷呂大忠，改命韓縝、張誠一往河東，會同遼人再議地界。又以沈括爲回謝遼

27 〔長編〕卷二五一，熙甯七年三月癸亥；〔長編史料輯錄〕，頁六六六。

28 〔長編〕卷二五〇，熙甯七年二月癸未，卷二五三，五月乙丑；〔長編史料輯錄〕，頁六六一——六六二，六六八——六六九。

國使。沈括在樞密院閱讀案牘，將爭執的地區澈底瞭解。根據沈括的報告，遼人所爭地界主要有四處：

㈠蔚州（河北蔚縣西南）——以分水嶺爲界，所爭地約七里以上。

㈡朔州（山西朔縣）——原以黃嵬大山北脚爲界。若改以分水嶺爲界，則所爭地南北約三十里。這是最大的一塊土地。

㈢武州（河北宣化）——南北十里以上。

㈣應州（山西應縣）——南北約十七、八里[29]。

這時，王安石已經再相。八年四月初，王安石與神宗討論畫界問題時，態度與一年前有顯著的不同。他認爲皇帝不應當把對遼交涉看得太重，示弱於遼，使遼人「要求無已」：

王安石向上曰：契丹無足憂者。蕭禧來，是何細事，而陛下連開天章，召執政，又括配車牛驢騾，廣糴河北芻糧。擾擾之形，見于江淮之間，卽河北、京東可知，契丹何緣不知。臣却恐契丹有以窺我，要求無已。上曰：今中國未有以當契丹，須至如此。安石曰：惟其未有以當契丹，故不宜如此。凡卑而驕之，能而示之不能者，

29 〔長編〕卷二六一，熙甯八年三月辛酉注脚，〔長編史料輯錄〕頁六八六。參看張家駒，〔沈括〕（上海，一九六二），頁八十四。頁九十四有地圖。

將以致敵也。今未欲致敵，豈宜卑而驕之，示以不能？且契丹四分五裂之國，豈能大舉以爲我害？方未欲舉動，故且當保和爾。上曰：契丹豈可易也？以柴世宗之武，所勝者乃以彼睡王時故也。安石曰：陛下非睡王，契丹主非柴世宗。則陛下何爲憂之太過？憂之太過，則沮怯之形見于外，是沮中國而生外敵之氣也。安石又言：蕭禧不當滿所欲，滿所欲則歸而受賞，是開契丹之臣以謀中國求賞，非中國之利也。又言：外敵強則事之，弱則兼之，敵則交之。宜交而事之則納侮，納侮而不能堪則爭，爭則啓難。故曰：示弱太甚，召兵之道也。

李燾在這段話之後這樣寫：

然安石本謀，實主棄地。雖對語云爾，竟弗克行。

又在隨後的小注裏舉邵伯溫的「邵氏聞見錄」和蘇轍的「龍川別志」爲證據：

邵伯溫「聞見錄」云：敵爭河東地界，韓琦、富弼、文彥博等答詔，皆主不與之論。會王安石再入相，獨言：將欲取之，必固與之。以筆畫地圖，命韓縝悉與之。蓋東西棄地五百餘里。韓縝承安石風旨，視劉忱、呂大忠誠有愧。蘇氏「龍川別志」亦云：安石謂咫尺地不足爭，朝廷方置河北諸將，後取之不難。據此則棄地實安石之謀。今「日錄」四月二日對語，乃謂許蕭禧不當滿其欲，與蘇、邵所記特異。疑蔡卞等後來增加，實非當日對語也。今姑存之，仍略著安石本謀，庶後世有考云。〔呂惠卿家傳〕載惠卿議，亦與安石略同。今附注在五日丙寅蕭禧入辭下。合并考[30]。

李燾懷疑蔡卞修改〔神宗實錄〕，增加了王安石比較強硬的論調。這一點將在下文討論。由於神宗決定向契丹讓步，遼使蕭禧遂於四月五日辭行。同時，宋使沈括也啟程赴遼。他的名義是「回謝」，也負有討論邊界的任務。神宗於前述四處發生糾紛的地區，除黃嵬山外，其他一概允許以分水嶺爲界。這時候呂惠卿和王安石並不贊成放棄土地。呂惠卿說：

守禦未可遽爲，待天下事倉卒，政須安詳。今敵未必至此。藉令起事，以中國之大，急則急應，緩則緩應，不患無兵與財。但今幸其未然，當以漸爲之耳[31]。

王安石說：

陛下昨日言周世宗以睡王不恤國事，故能勝之。然睡王如此，不過取得三關。陛下今日政事，豈可反比睡王？何至遽畏之！立國必有形勢，若形勢爲人所窺，即不可立矣。就令強蓋堡鋪，如治平中，亦不至起兵[32]。

---

30 〔長編〕卷二六二，熙甯八年四月癸亥注脚；〔長編史料輯錄〕，頁六八七。

31 〔長編〕，卷二六二，熙甯八年四月丙寅，注脚引〔呂惠卿家傳〕。〔長編史料輯錄〕，頁六九二。

32 〔長編〕卷二六二，熙甯八年四月丙寅，注脚引〔實錄〕。〔長編史料輯錄〕，頁六九三。

在蕭禧離開之前，三月，神宗賜大臣韓琦、富弼、文彥博和曾公亮手詔，問對契丹「待遇之要，禦備之方。」這些元老重臣的意見很值得重視，並且可以和王安石的意見比較。這四人的意見和王安石相同的是，他們都不主張為了畫界糾紛而與契丹發生軍事衝突。韓琦指出朝廷的若干措施，如與高麗通好，經略西邊，北邊增植榆柳，河北置保甲，造戰車，立河北三十七將等，都令契丹起疑，以為宋圖謀恢復燕雲。他認為朝廷無力北伐，應當維持和約：

> 臣愚今為陛下計，謂宜遣使報聘，優致禮幣，開示大信，達以至誠。具言朝廷向來與作，乃修備之常。與北朝通好之久，自古所無，豈有他意，恐為諜者之誤耳。且疆土素定，當如舊界，請命邊吏退近者侵占之地，不可持此造端，欲隳祖宗累世之好。永敦信約，兩絕嫌疑。望陛下將契丹所疑之事，如將官之類，因而罷去，以釋彼疑[33]。……

富弼也認為朝廷近年的作為似有向外擴張的計畫，還有人上「平燕之策」，因此契丹先發制人，遣使求畫地界。他以為應當與遼仍然維持和好的關係，但是不應當割地：

> ……臣謂不若一委邊臣，令其堅持久來圖籍疆界為據，使其盡力，交相詰難。然北

33 〔長編〕卷二六二，熙寧八年四月丙寅，〔長編史料輯錄〕頁六九五——六九六。

人非不自知理曲，蓋故欲生事，遂興干戈，以氣呑我，以勢凌我；是欲奪我累年所作之事。彼非敢無故驟興此端，實有以致其來也。惟陛下深省熟慮，不可一向獨謂敵人造釁背盟也。彼若萬一入寇，事不得已，我持嚴兵以待之，來則禦戰，去則備守。此自古中國防邊之要也。……臣願陛下以宗社爲憂，生民爲念，納污含垢，且求安靜。……

並且遣使說明宋方維持和約的誠意：「不推誠以待之，則恐不能解疑釋惑也。」[34]

文彥博以爲「中國禦戎，守信爲上。」主張邊界不可隨意重畫。他的態度比韓琦和富弼積極[35]。曾公亮認爲契丹沒有大野心，朝廷應當選使臣報聘，「諭與彼國生事，中國包含之意。至於疆界，案驗既明，不可侵越，使敵主曉然不爲邀功之臣所惑，必未敢萌犯邊之意。」[36]

雖然他們都反對割地，但是主張維持和好關係則是一致的。韓琦願意停廢一切充實邊備的措施，以示誠意；富弼更勸皇帝「納污含垢，且求安靜。」這四位元老重臣的意見和王安

34 〔長編〕卷二六二，熙甯八年四月丙寅；〔長編史料輯錄〕，頁六九七、六九九。
35 〔長編〕卷二六二，熙甯八年四月丙寅；〔長編史料輯錄〕頁六九九。
36 〔長編〕卷二六二，熙甯八年四月丙寅；〔長編史料輯錄〕頁七〇〇。

石在熙寧五、六年所持的意見沒有甚麼不同。若與後者在熙寧八年的看法比較，則後者遠比前者爲積極。附帶一提，王安石對於文彥博屢次與他爭辯邊界之事不可對契丹退讓，懷恨在心，所以閏四月三日與神宗論及是否應當任用沈括判兵部時，王安石不僅痛詆沈括沮壞新法，而且指文彥博是小人。他指責文彥博爲地界一事的爭辯，是另有打算，想破壞政府經略西邊的計畫：

> 小人所懷利害與陛下所圖利害不同，不可不察。如文彥博，豈是奮不顧身以抗契丹者？而實激怒陛下。與契丹爭細故，乃欲起事以撓熙河而已。陛下安可與此輩謀事，言國家之利[37]？

不久又攻擊韓琦：

> ……上曰：韓琦用心可知，天時薦饑，乃其所願也。前訪以此事，乃云須改盡前所爲，契丹自然無事。安石曰：琦再經大變，於朝廷可謂有功。陛下以禮遇之可也，若與之計國事，此所謂啓寵納侮[38]。

同時，對契丹的態度頗強硬：

---

37 〔長編〕〔永樂大典〕卷一二五〇六，熙甯八年閏四月、甲午；〔長編史料輯錄〕，頁七〇二。

38 〔長編〕〔永樂大典〕卷一二五〇六，熙甯八年閏四月己酉；〔長編史料輯錄〕頁七〇五——七〇六。

又議契丹事，安石曰：卑而驕之，乃是欲致其來。如傳聞契丹甚畏我討伐，若彼變其常態，卑辭以交我，不知我所以遇之將如何？陛下雖未欲陵之，邊臣必爭獻侵侮之計。今彼不然，故我不敢易彼。由此觀之，我不可示彼以悍事之形。示以悍事之形，乃所以速寇也。上曰：彼必不肯已，則如何？安石曰：譬如強盜在門，若不顧惜家貲，則當委之而去。若未肯委之而去，則但當抵敵而已，更有何商量[39]？

兩天後，王安石聽說契丹要求更改沈括的回謝使名義爲「審行商議」，力主不可。值得注意的一件事，是他在與神宗商討沈括出使的頭銜時，以爲如果對方堅持己見，宋方可作如此的答覆：「受旨回謝，不合預商議。然南朝本自不欲爭小故，務存大體，所以不較曲直，割地與北朝。」[40] 可見割地給契丹的事，在蕭禧返國前已經作了原則上的決定。所未決定的祇有朔州地界，牽涉的範圍較大。沈括出使的名義是回謝使，沒有權在邊界談判方面讓步，但是他也經宋廷授權辦交涉。他根據宋人圖籍檔案，堅主以黃嵬山（鴻和爾大山）山腳爲界，拒絕以分水嶺爲界線。經過六次會議後，遼人放棄了黃嵬山，爭得了西邊的天池[41]。但

39 「長編」「永樂大典」卷一二五〇六，熙甯八年閏四月甲午；「長編史料輯錄」頁七〇二——七〇三。

40 「長編」「永樂大典」卷一二五〇六，熙甯八年閏四月丙申；「長編史料輯錄」頁七〇三。

41 「長編」卷二六五，熙甯八年六月壬子；「長編史料輯錄」頁七〇七——七一五。參看張雅琴，「沈括與宋遼劃界交涉」，「史繹」第十二期（民國六十四年），頁一〇——二五；張家駒，「沈括」，頁八七——九九。

是韓縝與契丹使在邊界的談判則進行得不太順利。〔長編〕載有神宗和王安石之間的對話：

> 上與安石日論地界，曰：度未得爭，雖更非理，亦未免應副。安石曰：誠以力未能爭，尤難每事應副，國不競亦陵故也。若長彼謀臣猛將之氣，則中國將有不可忍之事矣。上與安石論，據日錄疑此事卽陳瓘所謂記訓也。蓋安石實主割地之議者，他書可考也。此月二十八日幷十月一日，十一月二十八日云云，並合考[42]。

值得注意的是從這一次討論（一〇七五年七月十六日丙子）以後，直到韓縝與契丹使人談出結果，卽一〇七六年（熙寧九年）十一月，〔長編〕中不再記載宋遼交涉中王安石的意見，祇有神宗批給韓縝的詔書和御札[43]。而王安石也在最後協議達成之前，同年的十月，已經第二次罷相了。

十一月，韓縝沿分水嶺重畫地界後，結束了畫界交涉。後來蘇轍於元祐元年（一〇八六）上章彈劾韓縝，指：

> 縝昔奉使定契丹地界，舉祖宗山河七百餘里以資敵國，坐使中華之俗陷沒方外，敵

---

42 〔長編〕卷二六六，熙甯八年七月丙子；〔長編史料輯錄〕，頁七一五。按「國不競亦陵」語出〔左傳〕昭公十三年，乃子產語：「晉政多門，貳偷之不暇，何暇討？國不競亦陵，何國之為？」

43 〔長編〕卷二七九，熙甯九年十一月丁丑；〔長編史料輯錄〕，頁七二七。

得乘高以瞰幷、代。朝廷雖有勁兵良卒，無所復施[44]。

四　王安石對遼態度的演變

綜上所述，在一〇七二至七三年契丹巡馬過河騷擾兩屬地時，王安石的態度是不願爲這種小事費心，強調以維持和約的大局爲重，不應當爲小失大。對契丹的政策，他主張「柔靜」，爲了維持和平和實現富國強兵的大計畫，他甚至說卽使契丹吞併了雄州也不必介意。爲了對契丹表示維持和約的誠意，他懲罰了「生事」的張利一和趙用，停止了防禦工事的增建。値得注意的是：主張維持和平關係的人，不僅是王安石而已。他的政敵司馬光也曾說：界河捕魚是「邊鄙小事何足介意」[45]。

到了一〇七四至一〇七六年間的畫界交涉時，王安石並沒有始終在朝主持外交大計。從一〇七四年四月到一〇七五年的二月他不在相位。這段時期的交涉，他自然不能預聞。不過

44 「長編」卷二七九，熙甯九年十一月丁丑注脚；「長編史料輯錄」頁七二七。

45 「溫國文正司馬光文集」（「四部叢刊」）卷三十三，頁九上；參看蘇軾，東坡七集（「四部備要」）卷三十六，「司馬溫公行狀」，頁五上。

一〇七五年四月，宋朝決定讓步時，王安石已經再度爲相。當時他的態度比一〇七二年至七三年時積極。在現有的紀錄裏找不到和前一次交涉中同樣的「柔靜」意見。在神宗一意主張讓步時，呂惠卿和王安石都不附和。反而贊成忍辱負重，維持和平的，是反對王安石變法的重臣韓琦和富弼。韓琦甚至主張廢棄將兵法，以向契丹表示維持和約的誠意。

王安石態度轉變的原因，約有以下數端：

第一、在界河糾紛交涉中，雖然王安石主張讓步，但是他並不主張無條件的讓步。他的態度是基於如果宋方減低緊張狀態，則遼方也會相對降低對抗情勢。事實證明他的判斷是正確的。當情勢轉變時，王安石的態度也隨之轉變。

第二、神宗對於王安石於界河糾紛所採取的政策不太滿意，所以後來王安石不得不採取比較積極的立場。一〇七三年初，起居舍人直集賢院章衡出使契丹回國，曾上奏言罷河北沿邊鄉巡弓手非便，於是提點刑獄孔嗣宗也提出同樣的意見。神宗說：

> 此失之在初也。今若復置，彼必益兵相臨，遂至生事不已。不可不謹。

王安石對此大感憤怒，除與神宗辯論，指章、孔二人爲張利一游說外，又將孔嗣宗的官位剝掉[46]。

---

46 〔長編〕卷二四二，熙甯六年二月辛丑；〔長編史料輯錄〕，頁六四八。

一〇七五年三月，當沈括將畫界糾紛的詳情調查清楚，畫成地圖呈獻給神宗時，神宗也對大臣處理外交事務的失策不滿。〔長編〕記載：

召廻謝遼國使沈括、副使李評對資政殿。括於樞密院閱案牘，得契丹頃歲始議地畔書，指石長城爲分，今所爭乃黃嵬山，相遠三十餘里。表論之。是日，百司皆出沐。上開天章閣門，召對資政殿，喜愕謂括曰：兩府不究本末，幾誤國事。上自以筆畫圖，使內侍李憲持詣中書樞密院，切讓輔臣，使以其圖示敵使，議乃屈。上遣中貴人賜括銀千兩，曰：微卿無以折邊訟[47]。

雖然神宗對負責交涉的劉忱不滿，王安石則辯稱畫錯地圖的不是劉忱而是對契丹態度比較強硬的呂大忠。王安石對沈括因而銜恨在心，後來伺機報復。

以上兩件事足以證明神宗對於當時過於軟弱的外交政策不太滿意，所以王安石的態度也就不能像以前那樣消極了。再者，王安石於一〇七五年再相後，至少在外交方面不如以前那樣受神宗倚重。呂惠卿和神宗討論外交的記載比較多，而且如前文指出，從一〇七五年七月至一〇七六年十月王安石罷相的這一段相當長的時間裏，〔長編〕竟不再有關於王安石和神宗討論外交的記載。史料顯示的是神宗完全直接主持大計，指揮韓縝。

47 〔長編〕卷二六一，熙甯八年三月辛酉；〔長編史料輯錄〕頁六八五——六八六。

第三、王安石在軍事方面的改革，因契丹加重威脅而加速進行。尤其在河北、河東方面，在一〇七二年以後有很多部署和佈防，鞏固了邊防。這也可能使王安石加強了可以抵禦契丹人萬一來侵的信心，因而態度也漸趨強硬。前文曾引述韓琦批評這些措施，認為引起了契丹的疑忌，而遣使提出要求，目的在試探宋人的實際意圖。這些措施主要是保甲法和將兵法的切實施行。保甲法於一〇七六年（熙寧九年）時已經組織的有六百九十三萬餘人，其中已經實施軍事訓練的有五十六萬餘人[48]。其目的除防盜外，還有從募兵制轉變為徵兵制的作用。

將兵法於一〇七四年全面實施，於開封府界、河北、京東西路置三十七將。其中河北四路有一至十七將，負責禁軍的訓練和指揮[49]。河北軍備的增強，從一〇七二年就已經開始。那年六月，曾將在京東訓練的武衞兵精銳，分隸河北四路。次年又完成了所謂牙教陣法，及野戰訓練[50]。此外，沿邊沒有塘濼的地區，於一〇七二年冬開始種植桑棗楡柳，以限敵

48 參看鄧廣銘，〔王安石：中國十一世紀時的改革家〕（北京，一九七五），頁一四〇——一四三。

49 〔長編〕卷二五六，熙甯七年九月癸丑；〔長編史料輯錄〕，頁六七二。

50 〔宋會要輯稿〕第七本，原一七四册，兵五，頁六八四三，熙甯五年六月十六日；〔長編〕卷二四七，熙甯六年十月丁亥；〔長編史料輯錄〕，六五三。熙甯七年九月又有十四件充實河邊的措施，見〔長編〕卷二五六，熙甯七年九月甲寅；〔長編史料輯錄〕，頁六七三。

騎[51]。兩年後，河北緣邊安撫司上「制置緣邊浚陂塘築堤道條式圖」，請付緣邊郡屯田司。又言於緣邊軍城種植柳蒔麻以備邊用，都為朝廷採納實施[52]。

一〇七四年（熙寧七年）三月，宋神宗擔憂這些軍事措施會引起契丹的猜疑時，王安石說：

> 明告其使，北朝屢違誓書要求，南朝於誓書未嘗小有違也。今北朝又遣使生事，卽南朝不免須修守備。修守備緣不敢保北朝信義故耳。若南朝固不肯違誓書，先起事端。如此則彼亦或當知自反[53]。

由此可見王安石的政策是有計畫來推行的。在一〇七二到七三年邊備廢弛時，他一方面主張柔靜，一方面開始加強邊防。到了一〇七四年以後，大致有了成效，他的立場也就有了軍事力量的支持。於是在一〇七五年，韓琦和富弼反而指王安石的這些措施是對契丹的挑釁了。王安石的外交政策，是視國力的強弱來制定的。除先安內後攘外的基本立場外，他並沒

---

51 〔長編〕卷二四〇，熙甯五年十一月甲子；〔長編史料輯錄〕，六四六；〔宋會要輯稿〕第一八六册，兵二八之一三，頁七二七六。

52 〔長編〕卷二五四，熙甯七年六月丁丑；〔長編史料輯錄〕，六六九。關於塘濼設施，看閆沁恒，「北宋對遼、塘濼設施之研究」，〔政治大學學報〕第八期（民國五十二年）。

53 〔長編〕卷二五〇，熙甯七年三月乙巳；〔長編史料輯錄〕，六六三。

有絕對固定的方針。這樣的態度是彈性的，也是理性的。

五　關於王安石「棄地」的爭論

指控王安石將畫界交涉中契丹要求的土地完全放棄，最有力的一段話，見邵伯溫的〔邵氏聞見錄〕：

王荆公再入相，曰：將欲取之，必固與之也。以筆畫其地圖，命天章閣待制韓公縝奉使舉與之。蓋東西棄地五百餘里云。韓公承荆公風旨，視劉公、呂公有愧也。議者爲朝廷惜之。烏乎！祖宗故地，孰敢以尺寸不入王會圖哉？荆公輕以畀鄰國，又建以與爲取之論，使帝遂擯韓、富二公之言不用，至後世姦臣以伐燕爲神宗遺意，卒致天下之亂。荆公之罪，可勝數哉[54]！

「將欲取之，必固與之」這句話，爲後來很多史家採用，認定王安石應該對熙寧畫界失地負責。如南宋的陳均寫道：

（七年）秋七月，命韓縝如河東割地。王安石勸上曰：將欲取之，必姑與之。於是

54〔河南邵氏聞見錄〕（學津討原本），卷四，頁七—八。

詔於分水嶺畫界，遣使以圖持示禧，禧乃去。至是，命縝往河東割新疆與之。凡東
西失地七百里[55]。

南宋的李𡌴（李燾子）的〔皇宋十朝綱要〕，馬端臨的〔文獻通考〕（「契丹傳」），和清畢沅的〔續資治通鑑〕都有類似的記載[56]。近人的著作採取這一看法的，如金毓黻的〔宋遼金史〕[57]。姚師從吾曾注意這一問題，指出失地並不如傳統史家誇張的那樣大[58]。其實，清人蔡上翔著〔王荊公年譜考略〕（一八〇四年），已經指出邵伯溫的記事，和根據邵書的〔宋史〕對王安石極有偏見。不過，蔡上翔沒有注意到畫界交涉這件事。梁啟超採蔡氏之說，

55 〔皇朝編年綱目備要〕（成文影印靜嘉堂文庫宋本），卷二十，頁八九七。

56 李𡌴寫道：「初，蕭禧至京師，留館中不肯行，必欲以分水嶺為界。帝遣內侍李憲許之以長連城、六蕃嶺為界，禧猶不從。王安石勸上曰：『將欲取之，必固與之。』于是詔于分水嶺為界。七月，又命韓縝往河東割新疆與之，凡東西失地七百里。」見〔羅雪堂先生全集〕四編第十冊（大通書局本），卷十上，熙甯八年六月。馬端臨〔文獻通考〕（上海：商務，民國二十五年）卷三四六，頁二七一一，「契丹傳」下：「是時（文）彥博等四人皆上章，以為不可與地。而王安石言與帝曰：『將欲取之，必固與之。』於是詔『不論有無照驗，令於分水嶺擗撥。』遣使持示禧，禧乃辭去。往時界於黃嵬山麓，我可以下瞰其應、朔、武三州。既以嶺與之，虜遂反瞰沂、代州。東西失地七百里。」參看畢沅〔續資治通鑑〕（臺北：世界書局，六十三年）卷七十一，頁一七七八。

57 〔宋遼金史〕（香港：龍門書店，一九六六），頁三六——三七。

58 〔姚從吾先生全集〕(二)〔遼金元史講義〕，甲、「遼朝史」（臺北：正中，六十年），頁二六八——二七二。

亦為王荊公辨誣，但也未注意畫界交涉[59]。祇有數年前（一九七五年）出版的鄧廣銘著〔王安石〕一書，纔有一專章敍述畫界交涉，標題是「在遼人兩次製造衅端時的對策」，其中「駁斥邵伯溫揑造的『以與為取』的無恥讕言」一節，極力為荊公辯解[60]。

鄧廣銘首先描述王安石的對外政策是「一條從愛國主義立場出發的對策，而作為孔孟忠實信徒的韓琦富弼等人所提出的，則是一條賣國主義的對策，信史所載，斑斑可考，鐵證如山，無復可疑。然而在守舊派的走卒，司馬光的死黨邵伯溫的筆下，卻揑造了一種完全違反事實，顚倒是非的謠言，妄圖把愛國主義者王安石誣蔑為犯了嚴重賣國主義罪行的人。」[61]

鄧廣銘指出第一個相信邵伯溫的史家是李燾。李燾不相信王安石的〔日錄〕，認為王安石「本謀，實主棄地。」不過李燾並沒有把邵伯溫的「欲取姑與」放在正文中，可見李燾並不完全採用邵說，而有所保留。接着鄧廣銘舉出下列四條證據，駁斥邵伯溫的「無恥讕言」：

第一、「欲取先與」或「以與為取」的論點，和王安石歷次對答神宗的言論是「完全相反的」。因為這些對話是出自王安石的〔日錄〕，所以是「原始的，也是最為確實可信的史

59 〔飲冰室合集〕（上海：中華），專集第七冊，〔王荊公〕。
60 〔王安石〕，頁一六二——一六七。
61 同上，頁一六二。

料。」

第二、「呂惠卿傳」中關於畫界交涉的一段文字，「也是一件最有力的旁證。」呂惠卿的主張和王安石相同，「可見變法派的人是都持有這樣一種意見的。」並且「家傳」中也記載了王安石的一段話，和他以前的意見符合。足以證明王安石「始終是堅持其不能對遼示弱示怯的意見的，是從來不曾提出過什麼『欲取姑與』或『以與爲取』的謬論的。」

第三、如果說王安石到交涉的最後階段，纔改變了看法，提出「欲取姑與」或「以與爲取」的意見，也說不通。因爲鄧廣銘認爲直到最後王安石還是引用「國不競亦陵」的古語，反對長契丹謀臣勇將之氣。

第四、蘇轍、呂陶後來彈劾韓縝棄地的奏章，不提王安石，可見棄地衹能由韓縝負責，而且沒有秉承王安石的風旨[62]。

根據本文著者前文所述，王安石的對外政策本質上是前後一致的，但是不同時候所發表的言論則並不一致。從一〇七二到一〇七三年王安石主張退讓，採取「柔靜」的政策。一〇七六年的主張則比較強硬。後者也許是針對宋朝已經讓步之後，如果契丹還有進一步要求的情況而發。如果鄧廣銘接受王安石在畫界交涉時的談話記錄，認爲是可信的，就沒有理由不

62 同上，頁一六五——一六七。

相信界河糾紛時的言論也是可信的。如果反對王安石的修實錄者要修改王安石的意見，他們應當把較強硬的話刪掉。李燾保留了王安石的意見，表示李燾認爲這些也許可以相信，可以供後世史家的採擇。很可惜鄧廣銘對於王安石在界河糾紛時的種種言論並不表示意見，而完全忽略。

李燾曾經懷疑王安石的同黨蔡卞可能修改實錄，故意製造或留下王安石較強硬的言論。如果確實如此，則蔡卞應當同時削去王安石主張柔靜政策的主張，以免給讀者一個王安石的話前後不一致的印象。但是顯然蔡卞並沒有修改界河糾紛時關於王安石的紀錄，至少今天看不出來有修改的痕跡。而且李燾並沒有指出來修改的處所；李燾曾經使用蔡卞的「朱墨本」，是知道增刪的大致情況的。

鄧廣銘舉「呂惠卿家傳」爲旁證，還不够有力。如果比較韓琦和王安石的看法，尤其玩味韓琦想罷去王安石所有充實邊防的措施的主張，可以作爲有力的旁證。王安石在一〇七五至一〇七六年間充實邊防的措施反映了他的政策轉爲積極。韓琦反對王安石，主張低姿勢，姑息契丹，那麼反過來王安石一定不主張姑息[63]。

63 韓琦反對王安石的政策，近於「爲反對而反對」，因爲在仁宗慶曆年間或以前，韓琦主張對西夏作戰，其計畫是先控制西夏，再對付契丹。這一計畫和熙甯年間王安石的計畫相同。但是時過境遷，由於政治立場不同，韓琦看見王安石實行他多年前的計畫，而不贊成，就近於意氣用事了。

鄧廣銘所舉出的第三點理由，根據本文所引資料來看，可以不必討論。因爲王安石的主張是從消極到積極，並沒有從積極到消極的跡象可尋。

鄧氏的最後一點，涉及責任問題，與本文的論證符合。不過必需指出，卽使棄地的責任完全由韓縝擔當，也不一定就證明了王安石在界河糾紛時沒有主張過放棄雄州。所以，王安石也許確實說過「將欲取之，必固與之」一類的話。他說這一類的話，本意並非向敵人投降，而是要神宗分辨輕重，決定行事的先後次序，不應當爲了小事而誤了大謀。從王安石積極經營西邊，充實軍備，鞏固邊防等措施看來，不能不承認他是有一套大計畫的。在逐步實現此一大計畫時，的確不能意氣用事。在時機未成熟時，不能遽爾對契丹用兵。卽使他說了欲取姑與的話，也應當放在他法文王先有所縱而後有所操的大計畫裏來考慮。邵伯溫引他的話有斷章取義，故入人罪的毛病，而鄧廣銘認定王安石絕對沒有說過這種話，並不見得就達到了爲王安石辨誣的目的。讀者反而會覺得鄧氏過於主觀。鄧氏完全不提王安石在界河糾紛時說的話，也予人以故意廻避不利於己見的資料的作法，似乎違反了作史學研究的一個基本原則。

最後應當指出，以上關於棄地的討論，沒有人引用〔遼史〕的記載。有人以爲〔遼史〕中根本沒有記載，姚師並且據以推測沒有記載的原因，除〔遼史〕過於簡陋失載之外，可能是因爲所得不多，所以不必大書特書[64]。實際上〔遼史〕關於此事的記載至少有三處，現在一併錄下：

（一）〔遼史〕卷八十六，「耶律頗的傳」：

咸雍八年（一〇七二），……上問邊事，（頗的）對曰：自應州南境至天池，皆我耕牧之地。清寧間（一〇五五——一〇六四），邊將不謹，爲宋所侵，烽堠內移，似非所宜。道宗然之。拜北面林牙。後遣人使宋，得其侵地，命頗的往定疆界。

（二）〔遼史〕卷九十三，「蕭迂魯傳」：

咸雍元年（一〇六五），使宋議邊事稱旨。……九年（一〇七六）……會宋求天池之地，詔迂魯兼統兩皮室軍，屯太牢古山以備之。

（三）〔遼史〕卷九十二，「蕭韓家傳」：

（太康，應作大康）三年（一〇七七），經畫西南邊天池舊塹，立堡砦，正疆界，刻石而還。

---

64 參看朱斯白著臺灣大學學士論文「王安石與宋遼之畫界交涉」（民國四十二年），存臺灣大學歷史系辦公室。姚從吾，〔遼金元史講義〕——甲「遼朝史」，列入〔姚從吾先生全集〕第二冊（臺北：正中，民國六十年），頁二六八。

從第一條記載裏可以知道遼人認爲地界交涉是由於過去遼的地界被宋人侵越，所以咸雍年間的交涉，對遼人來說是收復失地。有關遼人的這一主張的宋方記載，見〔長編〕卷一八四（仁宗嘉祐元年，西元一〇五六年）十二月癸酉條[65]。當時契丹使人前來交涉，宋人堅持疆界的畫分是正確的。到了一〇七二年以後，契丹人也許是重新提出舊要求而已。根據第二條資料，畫地界是宋人先提出來的。這一點似乎可以和韓琦奏疏裏「請命邊吏退近者侵占之地，不可持此造端，欲隳祖宗累世之好」的話印證[66]。此外第三條資料裏也提到「正疆界」，可見遼人對於畫界一事，雖然認爲是一個外交上的勝利，卻不見得是很大的勝利。可惜〔遼史〕語焉不詳，無從作更進一步的推論了。

65 〔長編史料輯錄〕，第二册，頁五六八。

66 〔長編〕卷二六二，熙甯八年四月丙寅；〔長編史料輯錄〕，頁六九六。

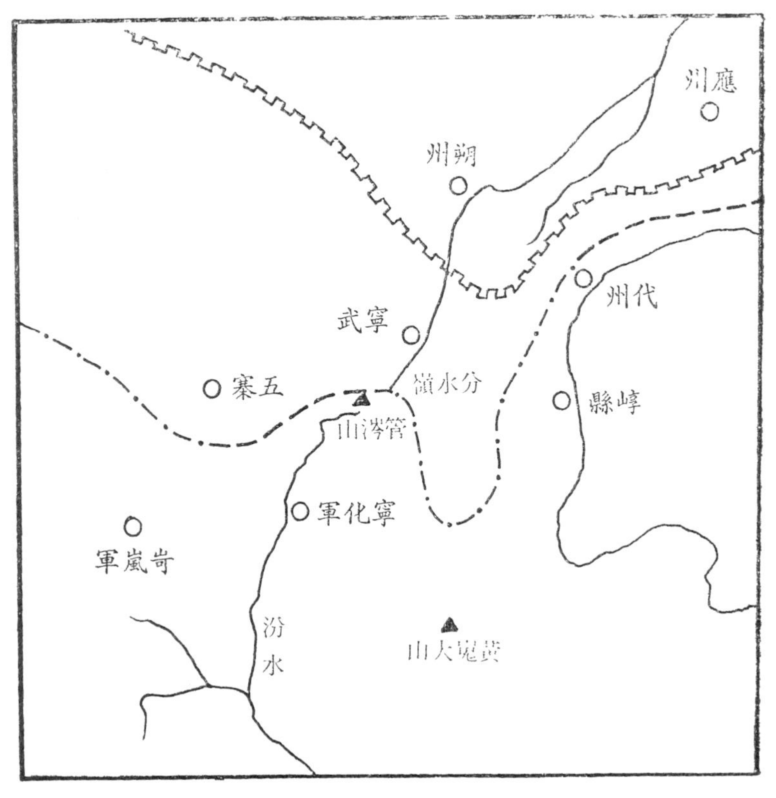

圖三　宋遼邊界爭執圖

邊界

爭執地界

第七章　宋、高麗與遼的三角外交關係

西元十世紀初，契丹在東北興起，揭開了東北亞國際關係史的另一重要階段的序幕。以中國爲中心的世界秩序，不僅因爲一個新成員的加入而更形複雜，而且這一新成員的武力強於中國，逐漸建構一個以契丹爲中心的世界秩序，與中國的世界秩序競爭。經過了數十年的對抗和戰禍以後，宋人終於與契丹締結和約，成爲站在平等地位上的兄弟之邦。二者各有自己的國際關係網。高麗處於遼宋兩大國之間，外交政策面臨難局。一方面高麗企圖維持與中國的傳統友好關係，並以這一關係來平衡契丹的勢力。另一方面，契丹施與高麗的壓力，迫使其向契丹稱臣納貢，作爲以遼爲中心的國際關係網內的一個重要分子。本章試圖分析三國間的外交關係，而以宋麗關係爲重點。

在宋的建立以前，五代與高麗的外交關係可以概括爲宗主國與從屬國的關係。契丹與高麗的交涉，開始於西元九二二年。是年契丹遣使贈予高麗橐駝及氈。但是九四二年契丹使臣再至時，高麗太祖王建拒絕與契丹建交，認契丹不通知高麗而逕自滅亡其友邦渤海爲不當。契丹使三十人被放逐於海島，所贈五十匹橐駝全被餓死。後來王建對大臣的指示，充分說明了高麗與中原文化淵源深遠，而拒絕與「禽獸之國」的契丹交往[1]。

在宋朝建立以後，高麗立卽於西元九六二年進貢。次年行宋年號，接受宋帝的册封[2]。宋與高麗間使節的往來，在此後二十餘年間相當頻繁。直到九八五年，當宋太宗計劃第二次討伐契丹時，派遣大使韓國華至高麗，促使高麗與宋「迭相犄角，協比鄰國，同力盪平。」高麗肅宗遷延不發兵，但在韓國華力促之下，終於答允出師西會。韓國華的傳說中記述他於高麗出師二萬五千人，進入契丹境內後，方才返回中原[3]。惟其後究竟這些軍隊曾否與契丹作戰，則在所有史料中皆無記載。可能契丹爲了避免兩面作戰的危機，而於九八六年春天遣使至高麗交好，使後者不致積極與契丹敵對[4]。

1 「高麗史」（臺北：文史哲出版社，民國六十一年），卷二，頁二十六。
2 同上，頁三十二。
3 同上，卷三，頁三十八。「宋史」（點校本），卷四八七，頁一四〇三九。尹洙，「河南集」（「四部叢刊」初編），卷十六，頁八十二。
4 「高麗史」，卷三，頁三十九。

宋遼之間在九八六年的決戰，結果對宋不利。宋廷於此後數年，三次加册高麗王，直至九九三年，契丹出兵迫使高麗於次年接受其宗主權。同年，高麗遣使元郁至宋廷，請求與宋聯盟，但爲宋拒絕。於是高麗停止向宋進貢，自此二者之間斷絕了外交關係[5]。

西元一〇〇三年，在遼再度向宋施加壓力的前夕，高麗或有所聞，復遣使至宋，提出結盟的要求[6]。在宋廷尚未決定次一步驟之前，已於次年與遼談判，並於一〇〇五年初締結了澶淵盟約。這一外交上的大事，在遼朝文書上誇稱爲宋人向遼入貢[7]。高麗於獲知宋遼通和後，特別遣使向遼稱賀[8]。

西充一〇一〇年代間，契丹與高麗發生衝突，戰爭連綿不斷。但契丹軍力不能屈服高麗，而且遭到數次挫折。兩國之間的關係直到一〇二〇年才恢復舊觀。在這十年中，高麗於一〇一〇年、一〇一四年及一〇一五年三次遣使至宋求援[9]。一〇一四年的使節請求向宋進貢。雖然宋廷並未接納這些請求，高麗仍於一〇一六年改用宋年號，並於一〇一七年入貢。

5 同上，頁四十六；宋史，卷四八七，頁一四〇四二。
6 宋史，頁一四〇四二。
7 奉天圖書館編〔遼陵石刻集錄〕，卷三，頁二上。
8 〔遼史〕，卷一一五，頁一五二〇。
9 〔高麗史〕，卷四，頁五十三至六十四。

一〇一九年復遣使賀正旦。一〇二一年高麗使韓祚至宋，已不再向宋求援[10]。次年，終於以契丹年號代替宋年號[11]。

宋廷不願介入遼與高麗間的糾紛，主要原因是以宋遼間甫成立的和平友好關係爲重。當一〇一〇年契丹爲高麗所敗的消息抵達汴京時，宋眞宗即躭心高麗將請求宋之軍援。宰相王旦建議朝廷「當顧其大者。契丹方固盟好，高麗貢奉累數歲不一至。」眞宗同意，即令山東登州地方官，如高麗使至，應告以鑒於高麗多年未曾入貢，地方官不敢向中央政府轉達任何請求[12]。此一政策在一〇一六年由王旦重申，認爲契丹已爲高麗削弱，因此契丹對宋的和平關係，依賴更甚，自無破壞此一和約的可能[13]。換言之，在這種情形之下，宋人不需要高麗作爲宋之盟邦。

遼朝於西元一〇四二年對宋交涉成功，在關南誓書中，規定宋人應增付歲幣予遼銀絹各十萬兩匹。這一外交勝利使遼取得了東亞國際秩序圈的盟主地位。次年，遼主下詔給高麗王，除封册外，並特別強調對宋的外交迫使宋人增加了歲貢：

10 同上，頁六十四。
11 同上，頁六十五。
12 李燾，「續資治通鑑長編」（世界書局影印本），卷七十四，頁十三下。
13 同上，卷八十七，頁十三上下。

朕昨戒嚴駕，巡撫京畿。邦尹展肆覲之儀，都人契來蘇之望。干戈不試，獄市惟齊。羣方則慕義向風，交馳玉帛；鄰國則畏威懷德，增納金繒[14]。……

一〇四二年的宋遼談判，雖然以增加對遼歲幣，換取了和平，及促使契丹對西夏加以約束，令西夏亦與宋達成和議，但是少數宋臣認爲是另一次的屈辱，主張重估外交政策。聯高麗制遼之說，於是重現。賈昌朝於上奏論邊備時，指出「制戎狄」政策的重要，特別是朝廷應當募人往使女眞、高麗和新羅，誘之來朝。「如此則二虜〔遼、西夏〕必憾於諸國矣。勢憾則爲備，備則勢分。此中國之利也。」[15] 參加對遼交涉的外交家富弼，也在一〇四四年提出類似的主張。在他建議的「河北守禦十二策」中，指出與高麗合力制契丹的政策，應爲外交上的主要目標：

古者有外虞則以夷狄攻夷狄，中國之利也。……北敵強盛，十倍羌人（西夏），異日渝盟，悉衆南下，師力若不給，則禍未可涯。宜求所以牽制之術。……今契丹自盡復諸蕃，如元昊、回鶻、高麗、女眞、渤海、烏舍、鐵勒、黑水、鞣鞨、室韋、

14 〔高麗史〕，卷六，頁九十一至九十二。

15 〔長編〕，卷一二四〇〇，頁一九。參看 Michael Rogers, "Factionalisim and Koryŏ Policy under the Northern Sung," *JAOS*, Vol. 79, No. 1 (1959), 16-25。

塔坦、步奚等。弱者盡有其土，強者止納其貢賦。獨高麗不伏，自謂夷齊之後，三韓舊邦，詩書禮義之風不減中國。契丹用兵力制高麗，高麗亦力戰，後不得已而臣之。契丹知其非本意，頗常勞其制御。高麗亦終有歸順朝廷之心。……朝廷若能許高麗進貢，正遂其志，則必反爲我用也。契丹何能使之耶？臣熟知高麗雖事契丹，而契丹憚之。……朝廷若得高麗，不必竢契丹動而來助。臣料契丹必疑高麗爲後患，卒未敢盡衆而南。只此已爲中國大利也。亦願陛下行之無疑[16]。

這一建議，可能由於范仲淹、富弼等改革派的失勢，而未付諸實施。

如果宋人在十年後向高麗提出結盟的要求，也許高麗文宗會同意。〔高麗史〕記載文宗於一〇五八年「將通於宋」，內史門下者上言止之。理由是契丹素來猜疑高麗與宋的連繫，如果通宋，「必生釁隙。」「況我國文物禮樂興行已久，商舶絡繹，珍寶日至，其於中國，實無所資。如非永絕契丹，不宜通使宋朝。」[17] 當時契丹懷疑宋麗復交，或許因此對高麗頻行加册，以加強二國間的關係。史載遼主於一〇四三、一〇四七、一〇四九、一〇五五及一〇五六年遣使册封高麗王，又於一〇五五及一〇五六年另遣使册封王太子。結果高麗文宗於

16 〔長編〕，卷一五〇，頁二十九上下；參看 Rogers 前引文。

17 〔高麗史〕，卷八，頁一一五。

一〇五七年下詔，以契丹兩行封册，「中外吏民疲於支待，其有錯誤當坐者，皆放除之。其所過州縣，減今年租稅之半。」[18]這種册封的騷擾，也許促使文宗轉而企圖與宋復交。値得注意的是大臣上言中指出：「昔庚戌之歲，契丹問罪書云：東結構於女眞，西往來於宋國，是欲何謀？又尙書柳參奉使之日，東京留守問南朝通使之事，似有嫌猜。」按庚戌應爲西元一〇一〇年，契丹興師問罪之事。由此可以證明契丹對於宋麗交通，十分重視。

宋神宗就位（一〇六八年），力圖進取。當時福建轉運使羅拯建議透過商人對高麗作復交的試探，神宗「有撻伐戎狄之意，喜其說」，即以羅拯主其事。羅拯遣宋商黃縝帶信給麗廷，說明宋帝的意圖。高麗王覆書，表示願意入貢，其事契丹，實非得已。一〇七〇年，宋廷獲得羅拯的報告，「議者亦謂可結之以謀契丹」，神宗允許高麗入貢。於是高麗遣金悌及隨從百人，在一〇七一年向宋奉表進貢[19]。次年，神宗頒詔五道，交金悌帶回。惟詔書中並無一語及於結盟，僅其中一道有高麗「以勸王爲可願」一詞而已[20]。

在宋與高麗進行復交的同時，契丹的動向値得注意。〔遼史〕簡略，毫無蛛絲可尋。但

18 同上，頁一一二。

19 〔宋史〕，卷四八七，頁一四〇四六；〔長編〕，卷四五二，頁九下——十上；〔高麗史〕，卷八，頁一二三、一二四、一二五。

20 同上，頁一二六。

自一〇七二年開始，不斷的有契丹兵馬越界騷擾宋境，這些事件終於演變至一〇七四年遼廷兩次遣使至宋，要求重劃地界。談判至一〇七六年才達成協議[21]。另一方面，一〇七五年七月，遼東京兵馬都部署奉樞密院劄子，移牒高麗，「請治鴨綠江以東疆域。」，高麗遣柳洪、李唐鑑「同遼使審定地分，未定而還。」[22]這類事件似非巧合，可能是遼廷對宋與高麗的一種示威，警告兩國不可過分親密。爲了避免遼的干擾，高麗於一〇七四年向宋提出嗣後使臣不從山東登州登陸，而改航至明州。宋人自然接納這一請求[23]。

宋廷於對遼畫界交涉結束後兩年，即西元一〇七八年，堂而皇之的派遣國信使安燾、副使陳睦往聘高麗。這是十一世紀宋麗外交史上的大事，因爲自九九二年宋使劉式、陳靖入高麗後，即無正式使臣再至，凡有國信，皆由高麗使帶回。至此已歷時八十五年。宋人顯然於此時並不顧忌契丹的猜疑，亦值得注意。高麗亦自此頻頻派遣使臣至宋進貢及朝賀。安燾等的使節團相當龐大，使用特爲此次使命而在明州建造的般隻兩艘，命名爲「凌虛致遠安濟」和「靈飛順濟。」皆號稱「神舟」。抵達高麗後，受到熱烈的歡迎。高麗王親自出迎，並以

21 參看第六章。
22 〔高麗史〕，卷九，頁一二九，一三一。
23 〔宋史〕，卷四八七，頁一四〇四六。

別宮爲「順天館」招待宋使[24]。〔高麗史〕載有宋所贈禮物清單，琳瑯滿目。高麗回贈自亦豐厚。宋使並要求將若干禮物折算爲銀兩，以便攜回。又請減少每日招待費用，折成銀兩，以入宋使私囊。高麗人對於宋使的「貪嗇」，大爲驚訝[25]。次年（一〇七九），宋使王舜封再至，一行中有醫官給高麗王看病。〔高麗史〕中載有宋廷所贈來自全國各地的藥材清單[26]。

宋人的這些措施不外加強兩國之間的關係。惟兩國當時與遼尚能相安，軍事同盟並非必要。外交上的維繫，促進了貿易和文化的交流。到高麗從事貿易活動的宋商，在〔高麗史〕上屢見不鮮。如一〇七一年有四批宋商抵達高麗，共計一百六十人[27]。一〇八九年的三批共二百二十六人[28]。次年的一批商人有一百五十人[29]。文化的交流，可以從高麗屢次向宋求贈書籍看出。在十一世紀後期宋人所贈及高麗人所購書籍，包括〔文苑英華〕、〔開寶通禮〕、〔大藏經〕、〔太平御覽〕、〔神醫普救方〕、及〔冊府元龜〕等[30]。宋政府對於高麗索求之

24 〔宋史〕，頁一四〇四七。
25 〔高麗史〕，卷九，頁一三三——一三四。
26 同上，頁一三五——一三六。
27 同上，卷九，頁一二五。
28 同上，卷十，頁一四八——一四九。
29 同上，頁一四九。
30 〔宋史〕，卷四八七，頁一四〇四八；〔高麗史〕，卷九，頁一四〇；卷十，頁一四九，一六三，一六七。〔長編〕，卷五〇五，元符二年正月甲子：高麗國進奉使尹瓘等言，乞賜太平御覽等書。詔所乞太平御覽并神醫普救方見校定俟後次使人到闕給賜。

書，並不完全贈與。而且高麗使人及商賈買書甚多，引起朝臣的注意。一〇九〇年曾向高麗索求善本書[31]。蘇軾則認爲可能從此洩露國家機密，及應防備契丹間諜混充高麗使節。他在奏章中請求政府禁止高麗使人自由買書[32]。此外，使節往還頻繁，招待及賜贈，所費甚鉅。加之朝廷對高麗使人的待遇特別優厚，以致所經江南州縣，頗感煩擾[33]。蘇轍卽在上疏中以此爲言，以爲朝廷對高麗使人過分優待，超過各國，頗爲不當[34]。這些較不愉快的枝節問題，自然並不影響十一世紀末葉宋麗間的友好外交關係。

綜觀宋、高麗與遼三國間的外交關係史，可以發現高麗是宋遼兩國爭取爲其與國的對象。在這一競爭過程中，遼以武力較強，並得地利，而取得上風。高麗服屬於遼的時期，自九九三至一〇〇九年，一〇二〇至十一世紀末，共計九十八年。而向宋進貢期間則爲九六二至九九二，一〇一七至一〇二二年，及一〇七一至十一世紀末，共計六十四年。但其中最後

31 〔高麗史〕，卷十，頁一五〇——一五一。〔長編〕卷五〇六，元符二年二月丁酉：禮部言：高麗人使乞收買〔冊府元龜〕〔資治通鑑〕。看詳〔冊府元龜〕元祐年曾賣外，其〔資治通鑑〕難令收買。從之。

32 蘇軾，〔東坡奏議〕（〔四部備要〕本東坡七集），卷一三，「論高麗買書利害劄子三首」。

33 〔長編〕，卷四五二，頁九下至十上。

34 蘇轍，〔欒城集〕（〔四部備要〕本），卷四十五，「乞裁損待高麗事件劄子」。參考 Michael Rogers, "Sung-Koryŏ Relations: Some Inhibiting Factors," *Oriens*, Vol. 11, Nos. 1-2 (1958), 194-202.

三十年高麗向宋遼雙方同時進貢，卻不受宋册封，並不用宋年號。然高麗究竟不完全臣服於遼，形成在遼背後的一股牽制力量。

宋之基本外交政策爲聯高麗以制遼。故凡有機會，卽與高麗通好；對高麗使人亦特別優遇。不過，從九九二至一〇七八年，宋廷未嘗派遣正使外交使節赴高麗，可見對於爭取高麗爲與國一事，並非十分積極。

遼崛起後，高麗爲時勢所迫，必須接受遼之册封。但仍不忘與宋連繫，以制契丹。不過其對宋政策，十分謹愼，以免引起遼之猜疑。

遼於三國中武力最強，故常爲宋與高麗所防範。遼之威脅並促成宋、高麗間之友好關係。遼之政策爲避免宋與高麗成立攻守聯盟，而遭受兩面作戰之威脅。故遼每於與宋達成和議後，向高麗示威。又於臣服高麗後，始經略中原。

總之，宋與高麗於外交方面利害相同，二國聯合以制遼應爲外交上之主要目標。但因二者單獨與遼間關係之演變，使二者難於同時採取對遼的一致行動。而遼亦避免造成這一情勢。所以十一世紀中宋麗交涉，始終不能達成對遼軍事同盟之願望。

第八章　從宋詩看宋遼關係

宋遼間的外交關係，於宋太祖與契丹主交換使節時建立（宋開寶七年，西元九七四年），但是宋太宗兩次征遼，雙方的和好關係破裂。直到眞宗與遼聖宗締結澶淵盟約（宋景德四年，西元一〇〇四年；訂約時已是西元一〇〇五年）以後，兩國間纔展開了長期的和平與平等的局面。宋遼「兄弟之邦」之間，聘使往來，絡繹不絕。這些使節主要是慶賀元旦的賀正使，和慶賀皇帝生辰（及皇太后、皇后的生辰）的國信使。由於宋人有意炫耀其文明，以影響契丹人，往往妙選著名文人爲大使[1]：如韓琦、宋祁、歐陽修、劉敞、蘇軾、蘇

1 關於宋遼外交的實況，參看聶崇岐，「宋遼交聘考」，（燕京學報）第二十七期（一九四〇），一——五一；以及本書第二章。

轍、蘇頌、劉摯等。這些大使除了必須向朝廷報告出使的經過，提出「語錄」外，其他記述遼人遼事的奏疏、雜文和詩篇，都是研究遼史和宋遼關係的重要材料。本文將粗略的介紹宋人所作有關遼事及宋遼外交的詩，及其中反映的對於宋遼關係的意見。

在現存宋人的文集裏，很少宋朝使節的詩是寫給契丹人看的。宋朝使節和接伴遼使的「迎伴使」、「館伴使」、或「送伴使」和遼朝君臣之間的酬答詩文，留下來的不多，比較出名的，是余靖在一〇四四年出使時在遼國朝廷上寫的「胡語詩」：

夜宣設邏(厚盛也)臣拜洗(受賜)，
兩朝厥荷(通好)情感勤(厚重)。
微臣雅魯(拜舞)祝若統(福祐)，
聖壽鐵擺(嵩高)俱可忒(無極)[2]。

以及王拱辰在遼國某一宴會上酒醉後所作的詩，有如下兩句：

兩朝信使休辭醉，
皆得君王帶笑看[3]。

2 余靖，『武溪集』(『廣東叢書』)，補佚，頁一下；又見葉隆禮，『契丹國志』(『四朝別史』)，卷二十四。
3 趙抃，「奏狀論王拱辰入國狂醉乞行黜降」，『清獻集』(『四庫全書珍本』四集)，卷七，頁一上下。據李燾，『長編』卷一七九，頁十一，王拱辰罰金二十斤。

這兩首詩都被宋朝言官批評爲不當，因此余、王二人也就受到了處罰。

宋朝使人的詩大都是出使時對於所見所聞有所感觸，寫給自己或友人的。當時人們似乎對於出使遼國頗有興趣，所以有的使節把出使時寫的詩輯成小集，供親友傳誦。例如王安石曾經擔任送伴使的工作，在途中和遼使語言不通，「時竊詠歌以娛愁思，」「故悉錄以歸，示諸親友。」蘇舜欽的父親蘇耆出使時，沿途賦詩，「歸而集上之，人爭布誦。」[4]

由於出使遼國是一件大事，所以宋人詩文集裏面有很多送友人北使的詩。茲錄司馬光的「送二同年使北」中，送呂濟叔（溱）的一首：

華纓下王除，天子寵匈奴。
雖復夷風陋，猶知漢使殊。
夜烽沉不擧，秋柝寂無虞。
何必燕然刻，蒼生肝腦塗[5]？

---

4 王安石，「臨川先生文集」（「四部叢刊」縮本），卷八十四，頁五三二，「伴送北朝人使詩序。」蘇舜欽，「蘇學士文集」（「四部叢刊」縮本），卷十四，頁八十九，「先公墓誌銘並序。」現存王安石的出使詩散見其文集中。出使詩除宋人文集中搜羅最多外，厲鶚的「遼史拾遺」和「宋詩紀事」也收了一些，參考以下註24及註30。地方志裏仍然可以找到厲鶚未收的詩，如「涿縣志」（成文本）第七編「藝文」，頁五九五，有胡曾的「涿州」。又如「雄縣新志」（成文本）第十冊「雄縣詩鈔上」，頁九八五有沈文通「使遼還雄州」。

5 「溫國文正司馬公文集」（「四部叢刊」縮本），卷七，頁一〇六。

出使敵國，責任重大之外，旅途相當艱苦。陳襄使還時，「歸來攬照看顏色，斗覺霜毛兩鬢加。」[6] 因此使人時常把這件苦差和從前著名的使節出使外國相比。最常引用的先例是漢與匈奴的外交關係。從前引司馬光送呂濟叔使北的詩句，已經可見這種以漢匈關係和宋遼對峙相比較的寫法。王安石的「涿州」也有類似的吟詠：

涿州沙上望桑乾，鞍馬春風特地寒。
萬里如今持漢節，却尋此路使呼韓[7]。

又如梅堯臣的「送唐待制子方北使」，稱契丹皇帝是「閼氏」：

王命來天外，閼氏坐帳中。
儀雖聘鄰國，禮豈異和戎？
漢使方持節，胡人自帶弓。
唯應沙漠凛，不減諫臣風。

又如他的「送石昌言舍人使匈奴」，稱契丹人是匈奴，皇帝是「單于」：

燕然山北大單于，漢家皇帝與璽書。

6 「古靈集」（「四庫全書珍本」三集），卷二十四，頁八上。
7 「臨川先生文集」，卷三十一，頁二〇八。

持書大夫腰金魚，飛龍借馬出國都。
胡沙九月草已枯，草上霜花如五銖。
白裘貂帽著不暖，莽莽黃塵車款款。
野盧邊月出隴來，風靜天遙鷹聲短。
聞到罽庭尤苦寒，譯言揉耳不識彈。
公於是時已觀禮，踏雪再拜辭可汗[8]。

梅堯臣雖然未嘗使北，但是從他的詩句裏仍然可以看到詩人對於遼境情況的瞭解，和把霜花比擬爲漢代五銖錢的豐富想像力。

歐陽修的「奉使道中五言長韻」，融出使見聞和他自己的感觸於一詩：

初旭（一作日）瑞霞烘，都門祖帳供。
親持使者節，曉出大明宮。
城闕青煙起，樓臺白霧中。
繡韉（一作鞍）驕躍躍，貂袖紫蒙蒙。
朔野驚飈慘，邊城畫角雄。

8 〔宛陵先生集〕（〔四部叢刊〕縮本），卷二十二，頁一八九；卷四十九，頁四〇八。

過橋分一水，回首羨南鴻。
地里山川隔，天文日月同。
兒童能走馬，婦女亦腰弓。
度險行愁失，盤高路欲窮。（一作斗絕誇天險、高盤畏路窮）
山深聞喚鹿，林黑自生（一作成）風。
松巒寒逾響，冰溪（一作溪流）咽復通。
望平愁驛迥，野曠覺天穹。
駿足來山北，輕禽出海東。
合圍飛走盡，移帳水泉空。
講信鄰方睦，尊賢禮亦隆。
斫（一作斫）冰燒酒赤，凍（一作斫）膾縷霜紅。
白草經春在，黃沙盡日濛。
新年風漸變，歸路雪初融。
祗事須彊力，嗟予乃病翁。

深慙漢蘇武，歸國不論功[9]。

這首詩裏從出使到返國，描寫了整個旅途的見聞。兒童騎馬，婦女帶弓，獵人喚鹿，大舉圍獵等情狀，歷歷在目。遼境與中原地理環境不同，引起了很多使人的感觸，形之於詩句的是沙漠窮荒的淒涼情景，和天寒地凍的苦況。蘇頌的「奚山道中」是這樣描寫的：

山路縈回極險難，才經深澗又高原。
順風衝激還吹面，灩水堅凝幾敗轅。（山澗水流遇冰凍則橫溢道上，人謂之灩水，險滑百狀，每為車馬之患）
巖下有時逢虎跡，馬前頻聽異華言。
使行勞苦誠無憚，所喜殊方識漢恩[10]。

又如他的「沙陀路」，詩題下小注云：「二十三日入沙陀路，行馬頗艱。」詩句如下：

上得陂陁路轉艱，陷輪推馬苦難前。
風寒白日少飛鳥，地迥黃沙似漲川。
結草枝梢知里堠，放牛墟落見人煙。

9 〔歐陽文忠全集〕（〔四部備要〕），卷十二，頁五下至六上。
10 〔蘇魏公文集〕（〔四庫全書珍本〕四集）卷十三，頁三下。

從來天地分南朔，今作通遼近百年[11]。

蘇頌於熙寧元年（一〇六八）和十年（一〇七七）兩度出使，遠達廣平甸遼帝的行在所，他的前後出使詩，是很有價值的史料。例如出使的路線上，有遼人的館驛。根據傅樂煥所列的館驛名稱，從古北口到中京有以下諸館

古北口館—新館—臥如來館—柳河館—打造部落館—牛山館—鹿兒峽館—鐵匠館—富谷館—通天館—中京[12]

蘇頌所記館名如下：

第一次：摘星館—牛山館—鹿兒館—紫蒙館—神水砂磧—土河館—神水館—中京—富谷館—打造部落

第二次：古北口—新館—牛山—中京—土河—沙陁路—廣平—會同館—廣平—柳河—摘星嶺

---

11 同上，頁十下。

12 「宋人使遼語錄行程考」，〔國學季刊〕五卷四期（民國二十四年），附表。按鼎文書局出版的〔遼史彙編〕第八册漏印此表。參看日本學者田村實造「關於宋遼交通路線的研究」，收入其〔中國征服王朝の研究〕上册，京都，一九六四。但田村的路線不包括從中京到廣平甸的一段。並參看王民信，〔沈括熙寧使虜圖抄箋證〕，臺北學海出版社，民國六十五年。

第一次經過的紫蒙館、就日館、土河館、神水館都不見於傅氏討論的幾種語錄，可能蘇頌經過的路線和他人略有不同。第二次出使過了中京，遠達廣平和會同館，這兩個地名也不見於其他語錄。蘇頌這一次旅程的終點是會同館。〔遼史〕卷七聖宗紀太平十年（宋天聖八年，西元一〇三〇年）：「時黃河暴漲，溺會同驛。帝親擇夷坦地，復創一驛。」按「黃河」卽熱河境內的「潢河」。蘇頌到達的會同驛，正是在平坦的廣平淀附近。據傅樂煥的考證，廣平淀卽遼帝冬捺鉢（行在所）的地點，遼帝於此接受宋使朝賀[13]。蘇頌住在會同館裏的時候，晚間大風，「沙塵蔽日，倍覺苦寒。」到了早晨去見遼帝時，則「厲風頓止，晴和可愛。」於是賦「北帳書事」一首：

北海蓬蓬氣怒號，厲聲披拂畫兼宵。
百重沙漠連空暗，四向茅簷捲地飄。
與日過河流水涸，行天畜物密雲遙。（北中久旱經冬無雨雪）
輶軒使者偏蒙福，夙駕陰霾斗頓消[14]。

13 「遼代四時捺鉢考五篇」，中，「廣平淀考」，〔中央研究院歷史語言研究所集刊〕第十本（民國三十七年），頁二四七——二四八。又劉敞，〔公是集〕（〔四庫全書珍本〕別輯），卷二十二，還有「天池館」（七下），「金山館」（八上），和「鐵漿館」。

14 〔蘇魏公文集〕卷十三，頁十二下。

蘇頌描寫遼地風土人情的詩篇，由於宋人出使報告大都淹沒不存，而價值極高。例如他的「北人牧羊」，小注云：「羊以千百爲羣，縱其自就水草，無復欄柵，而生息極繁。」詩曰：

牧羊山下動成羣，囓草眠沙淺水濱。
自免觸藩羸角困，應無挾策讀書人。
氈裘冬獵千皮富，湩酪朝中百品珍。
生計不贏衣食足，土風猶似茹毛純[15]。

從這首詩裏可以體會到羊羣對於遊牧民族的重要，和遊牧民族生活的純樸。他的「過新館罕見居人」，描寫契丹人口的稀少：「封域雖長編戶少，隔山才見兩山家。」[16]又如「牛山道中」則發現奚人居住的地區，利用漢人耕種，農業頗爲發達，小注云：「耕種甚廣，牛羊遍谷。問之，皆漢人佃奚土，甚苦輸役之重。」詩云：

農人耕鑿遍奚疆，部落連山復枕岡。
種粟一收饒地力，開門東向雜邊方。

15 同上，頁十一上。
16 同上，頁九下。

田疇高下如棋布，牛馬縱橫似谷量。

賦役百端閒日少，可憐生事甚茫茫[17]。

劉敞的「古北口」一詩小注也指出：「自古北口即奚地，皆山居谷汲，耕種其中，而無城郭。……」詩云：

東馬懸車北度燕，亂山重覆水潺湲。

本羞管仲令君霸，無用俞兒走馬前[18]。

蘇轍是一位精細的觀察者，他出使時寫了二十八首詩，其中也指出「奚田可耕鑿，遼土直沙漠。」[19]又記當地風俗云：

奚君五畝宅，封戶一成田。

故壘開都邑，遺民雜漢編。

不知臣僕賤，漫喜殺生權。

燕俗嗟猶在，婚姻未許連[20]。

17 同上，頁十下。

18 〔公是集〕（〔四庫全書珍本〕別輯），卷二十八，頁十四上下。

19 〔欒城集〕（〔四部叢刊〕縮本），卷十六，頁一九五，「木葉山」。

20 同上，頁一九五，「奚君宅在中京南」。

由於漢人移居此地從事農耕的很多，所以燕地風俗仍然存在。畢仲游也寫道：「河間未弛新亭障，山後猶存舊風俗。幽燕婦女白如脂，露面來覘漢冠服。」[21]

契丹君臣每年有「四時捺鉢」的習慣，也就是在不同的季節裏到不同的地方立營帳，作各種政治、休閒的活動，這一習俗，除前引歐陽修的詩裏已經提及外，蘇轍有更詳細的描寫：

虜帳冬住沙陀中，索羊織葦稱行宮。
從官星散依冢阜，氈蘆窟室欺霜風。
春梁煮雪安得飽，擊兔射鹿夸強雄。
朝廷經略窮海宇，歲遺繒絮消頑凶。
……………
秋山既罷復來此，往返歲歲如旋蓬。
彎弓射獵本天性，拱手朝會愁心胸[22]。

彭汝礪也有一首詩寫遼帝多捺鉢的廣平甸（淀），可以和前引蘇頌的詩參看：

21 「西臺集」，（「四庫全書珍本」別輯），卷十八，頁十二下至十三，「送范德孺使遼」。
22 「欒城集」，頁一九六，「虜帳」。

四更起趨廣平朝，上下沙陀道路遙。
洞入桃源花點綴，門橫葦箔草蕭條。
時平主客文何縟，地大君臣氣已驕。
莫善吾皇能尚德，將軍不用霍嫖姚。

這首詩前有一段文字描述廣平甸：

廣平甸謂北地險至此廣大平易云。初至單于行在，其門以蘆泊為藩垣，上不去其花以為飾其上，謂之羊箔。門作山門，以木為牌，左曰紫府洞，右曰桃源洞，總謂之蓬萊宮。殿曰省方殿，其左金冠紫袍而立者數百人，問之多酋豪。其右青紫而立者數十人。山棚之前作花檻，有桃杏楊柳之類。前謂丹墀，自丹墀十步謂之龍墀。殿皆設青花氈，其堦高二三尺，濶三尋，縱殺其半。由堦而登，謂之御座[23]。

這段記載可以和〔遼史〕卷三十二「營衞志」裏關於冬捺鉢的皇帝牙帳部分比較。遼帝的冬捺鉢，並不是簡單的營帳，而有宮殿的布置。這是因為冬捺鉢也是遼帝於休閒之外討論政事的地方，必須有可以議事的場所。

---

23 〔鄱陽集〕（〔四庫全書珍本〕二集），卷八，頁一上下。南宋詩人姜夔也有一首動人的「契丹歌」，描述契丹的遊牧「捺鉢」生活，見〔白石道人詩集〕（〔四部叢刊〕縮本），卷上，頁二三。

宋朝使節在遼境，參加很多官方的宴會和典禮。在宴會中，賦詩是餘興節目之一。例如李維使契丹，即席賦兩朝悠久詩，下筆立成，契丹皇帝大喜[24]。趙槩出使，契丹人請賦信誓如山河詩，詩成，契丹主親酌玉杯勵槩酒，而且命大臣劉六符將槩詩寫在扇面上收藏起來[25]。在這些應酬活動中，宋使常以優越的學識和敏捷的才思在詩文上表現宋朝的高度文明。遼人則常想以對聯來難倒來使，可是宋使大都能夠應付裕如。例如遼使和富弼的兩副對聯是這樣的：

遼使：早登鷄子之峯，危如累卵，
富弼：夜宿丈人之館，安若泰山。
遼使：酒如線，因針乃見。
富弼：餅如月，遇食則缺。

劉沆和契丹館伴使的一副對聯是：

契丹使：有酒如澠，繫行人而不住。
劉沆：在北曰狄，吹出塞以何妨[26]。

24 厲鶚，〔遼史拾遺〕（廣雅叢書），卷八，頁十六上，太平五年十二月乙亥條，引〔長編〕，
25 同上，卷九，頁十九下引〔東都事略〕。
26 同上，頁十四下；頁七下。

蘇軾更是對仗能手。遼使出「三光日月星」的上聯，蘇軾對他的副使說：「我能對而你不能，有失大國體。」即命其副使對「四詩風雅頌」，又自對「四德元亨利。」遼使正欲抗議第二聯漏了「貞」字，蘇軾立刻制止他，說不可以提這個字，因爲要避當時宋朝皇帝趙禎的諱[27]。此對可說絕妙。但是宋使也有對聯不妥的，如林攄：

遼使：白玉石天子建碧室。

林攄：口耳王聖人坐明堂。

被遼使指爲不識字，因爲「聖」拆開是「口耳壬」。林攄惱羞成怒，和遼使爭執，幾乎鬧成國際糾紛。結果林攄被宋廷處分[28]。

契丹朝廷元旦大朝會的典禮可以說是繁文縟節，除了採取唐宋典禮之外，他們還保留了一些自己原有的禮儀和晚上的契丹宴會，更使宋使忙碌不堪。還要大碗喝酒。韓琦有一首詩記述他在遼人朝廷上的經驗：

專對慙非出使才，拭圭申好歛旌回。

禮煩偏苦元正拜（虜廷元日拜禮最煩），戶大猶輕永壽杯（永壽虜主生辰節名，其日以大白酌南

---

27 同上，卷十，頁十三下至十四上，引岳珂〔桯史〕。四詩指魯齊韓毛四家詩。仁宗之名為禎。

28 同上，卷十一，頁二下，引趙彥衛，〔雲麓漫抄〕。

使）。

欹枕頓無歸夢擾，據鞍潛覺旅懷開。

明朝便是侵星去，不怕東風拂面來[29]。

最後，使臣於完成任務後，通常會得到陞官和雙方皇帝的賞賜。刁約的詩就是一個例子：

押燕移離畢，看房賀跋支。

餞行三匹裂，密賜十貔貍[30]。

契丹皇帝的賞賜，自然不止十隻北人認爲是珍膳的貔離了。梅堯臣在「送祖擇之學士北使」一詩裏除提及契丹皇帝會殷勤招待宋使外（「見其酋長時，國禮何勤納。」），並且預祝祖無擇「歸來易輕裘，賜對延英閤。」[31]

此外，出使回國以後，又可以享受詩酒風流的士大夫生活，如韓維所描述的：

入門解征衫，金樽灧流霞。

29 「安陽集」（「四庫全書珍本」四集），卷四，頁十一上：「使回戲成」。

30 厲鶚，「宋詩紀事」（臺北：中華書局影印本，民國六十年），卷一三，頁二九九。按原詩引見沈括的「夢溪筆談」：「移離畢官名，如中國執政。賀跋支如執衣防閤。匹裂小木罌，以色綾木為之，如黃漆。貔貍形如鼠而大，穴居食穀粱。北人為珍膳，味如豚肉而脆。」

31 「宛陵先生集」，卷五八，頁四七二。

哀絃間清唱，嬌鬟蔚如鵶。

一慰行役勞，期君柳初芽[32]。

宋人的詩頗重說理。在宋人出使詩和邊塞詩裏，也有些說理的詩，反應着當時人對於宋遼關係的看法。王安石「澶州」詩云：

去都二百四十里，河流中間兩城峙。

南城草草不受兵，北城樓櫓如邊城。

城中老人爲予語，契丹此地經鈔虜。

黃屋親乘矢石間，胡馬欲踏河冰渡。

天發一矢胡無酋，河冰亦破沙水流。

歡盟從此至今日，丞相萊公功第一[33]。

王安石雖然一向認爲和遼朝結盟是一件屈辱的事，想要以全面的改革達到「制夷狄」的目的，但是他在這首詩裏則承認當年澶淵之盟寇準（萊公）對於和平的貢獻。張耒也有一首詩描述澶淵之盟：

32 「南陽集」（「四庫全書珍本」一集」），卷四，頁十六上：「奉答原甫登契丹嶺見寄。」

33 「臨川先生文集」（「四部叢刊」縮本），卷五，頁八三。

憶昔兵來動河朔，渡河飲馬吹邊角。
澶淵城下冰載車，邊風蕭蕭千里餘。
城上黃旂坐眞主，夜遣六丁張猛弩。
雷驚電發一矢飛，橫射渠魁貫車柱！
旂裘無蹤大漠空，歸來封禪告成功。
自是乾坤扶聖主，可能功業蓋萊公[34]。

這一首詩也沒有提到當時的外交交涉，祇誇耀了宋軍射死遼將蕭撻凜，和寇準的功業，並且歌頌宋眞宗的封禪。韓維有兩句詩，則道出了宋人和戎的政策：

中原昔失御，幽冀不復華。
我朝示仁撫，金幣歲屢加[35]。

對遼採取「仁撫」的政策，其實是無可奈何的一件事。理學家邵雍的「思患吟」正好顯示了這種心情：

僕奴凌主人，夷狄犯中國。

---

34 〔柯山集〕（〔四庫全書珍本〕四集），卷十三，頁二上：「聽客話澶淵事」。

35 〔南陽集〕，卷四，頁十六上。

自古知不平，無由能絕得[36]。

前引司馬光送呂濟叔的詩，最後兩句「何必燕然刻，蒼生肝腦塗？」則表示宋人不必羨慕漢代的武功，應當珍惜百姓的安居樂業。王禹偁也有相同的看法：

大漢由來生醜虜，見日設拜尊中土。
自古控御全在仁，何必窮兵兼黷武[37]？

宋遼兩國和平關係維持日久，自然有很多人以爲和平是最好的安排，彭汝礪有這樣的詩：

往來道路好歌謠，不問南朝與北朝。
但願千年更萬歲，歡娛長祇似今朝[38]。

不過，和平帶給宋朝的恥辱，不能不令其他一些詩人如劉攽和曾鞏，發出憤慨的批評。劉攽詠「幽州圖」道：

鄙夫平居常歎息，薊門幽都皆絕域。
安得猛士守北方，力排敵人復禹績。

---

36 〔伊川擊壤集〕（〔四部叢刊〕縮本），卷十六，頁一一七。
37 〔小畜集〕（〔國學基本叢書〕），卷十三：「戰城南」。
38 〔鄱陽集〕，卷十二，頁十六上：「記使人語呈子開侍郎深之學士二兄。」

田生手携朔漠圖，丹書萬里之強胡。
掛圖高堂素壁上，壯或陰山來坐隅。
長城迢迢屬滄海，古塞歷歷生黃楡。
縱横指顧皆舊物，撫事慷慨時驚呼。
太平壯士多虛死，念君避胡來萬里。
九關深沉虎豹悪，布衣何由說天子。
卷圖還君意黯然，咄嗟世事非余恥[39]。

這首詩裏的田生是誰，他畫的或得到的幽州圖又是怎樣的，其中或許有一個感人的故事，可惜我們無從得知。曾鞏對於契丹動輒遣使來提出要求，宋廷窮於應付的情形，有如下的悲憤：

南粟鱗鱗多送北，北兵林林長備胡。
胡使一來大梁下，塞頭彎弓士如無。
折衝素恃將與相，大策合副艱難須。

[39]〔彭城集〕（國學基本叢書），卷七，頁七九——八〇；劉敞也有「題幽州圖」詩，見〔公是集〕卷二十六，頁十三上下。

還來里閭索窮下，斗食尺衣皆北輸。
中原相觀歎失色，馬騎日肥妖氣麁。
九州四海盡帝有，何不用胡藩北隅[40]？

其中「斗食尺衣皆北輸」的句子，何等沉痛！

不過，在兩國相安無事日久的情況下，憤慨之情也慢慢平息了。不能夠用武力征服夷狄，祇能用文化和道德來感召他們，是很多人共同的信念。這一信念也反映在詩裏。如劉跂出使時寫下這樣的詩句：

自昔和戎使，于今出使光。
邊烽宵不見，漢節歲相望。
州邑三餐遍，溝封一葦航。
太平無險固，道德是金湯[41]。

以上引錄的這些詩，除了可以補充史籍的不足外，還可以和宋人奏議和論著表達的意見互相印證。大致說來，宋人一方面惋惜朝廷未能完全做到一統天下，反而要向遼夏每年送金

40 《元豐類藁》（《四部叢刊》縮本），卷一，頁二十一：「胡使」。
41 《學易集》（《四庫全書珍本》別輯），卷三，頁五上：「使遼作十四首」的第一首。

帛，另一方面卻又安於現狀，認爲和議不但節省了浩大的軍費開支，而且讓百姓能够安居樂業。在這種矛盾的心情下，很多人認爲漢唐的武功並不値得羡慕和效法，而以爲倚仗道德來感召夷狄的辦法纔是上策。難怪司馬光要感嘆「始知恃險不如德」了[42]。

42 〔溫國文正司馬公文集〕，卷十一：「長垣道中作」。

第九章　對於北宋聯金滅遼政策的一個評估

學者對於北宋聯金滅遼外交的研究，已經連篇累牘[1]。本文著者僅試圖釐清史實，詳人之所略而略人之所詳，對此一外交政策作一個評估。

宋金聯合夾攻遼朝的外交交涉，發起於童貫，而爲王黼、蔡京等採納支持。據說童貫有意對遼用兵是因爲他於政和元年(西元一一一一年)以宦官出使遼朝時，受到遼帝的侮辱[2]。

---

1 吳景宏，「宋金攻遼之外交」，〔東方雜誌〕第四十三卷第十八號(民國三十六年)，頁四五——五二；徐玉虎，「宋金海上聯盟的概觀」，〔大陸雜誌〕第十一卷第十二期（民國四十四年），頁三八四——三八八；張天佑，「宋金海上聯盟的研究」，〔中國歷史學會史學集刊〕第一期（民國五十八年），頁二二三——二六七；以上吳、張二文列入〔宋史研究集〕第十二輯（臺北：中華叢書編審委員會，民國六十九年），頁一六九——一八三，頁一八五——二四五；徐文列入第一輯（民國四十七年），頁二二七——二四一。田村實造，〔中國征服王朝の研究〕，上（京都，京都大學東洋史研究會，一九六四），第四章、第五章。

不久，燕人馬植從遼境來歸，上言契丹可圖。童貫與宋徽宗決意以買馬爲藉口，與女眞連絡[3]。實際上宋廷開始從事於與新起的金朝聯盟攻遼，則在西元一一一七年（宋政和七年，金天輔元年）。主要史實，應以宋方資料爲主，輔以〔金史〕有關部分。〔金史〕的記載有若干錯誤，應注意後來學者的訂正[4]。今將交涉過程中主要的史實簡單敍述於下：

西元一一一七年，遼人高藥師等泛海至登州附宋，言女眞與契丹戰爭累年，女眞已佔領大片契丹境土。八月，宋廷命登州守王師中差將吏和高藥師同行，與女眞連絡。但未及登岸即折回。宋徽宗處罰這批使臣後，仍然打算繼續以向女眞買馬爲名，與之結好。當時童貫取得徽宗的信任，專主其事。徽宗並下詔：「通好女眞事，監司帥臣並不許干預。如違，並以違御筆論。」[5]童貫並於次年上「平燕策[6]」。

2 李心傳，〔建炎以來繫年要錄〕（〔叢書集成〕），卷一，頁二。

3 關於馬植來歸獻策滅遼的時間，經吳景宏考定為政和五年，看「宋金攻遼之外交」，〔宋史研究集〕第十二輯，頁一六九——一七二。

4 例如〔金史〕卷二載天輔元年十二月宋使馬政以國書來。此事應移於次年四月。施國祁〔金源劄記〕（〔仰視千七百二十九鶴齋叢書〕）卷上，頁三上下已辨明〔金史〕之誤。點校本〔金史〕的小注，亦將錯誤一一指出，如卷二，注六。

5 徐夢莘，〔三朝北盟會編〕（臺北：文海），卷一，頁二上下，頁五上下。楊仲良〔資治通鑑長編紀事本末〕（臺北：文海），卷一四二，「金盟上」，頁一下，二上下。吳景宏，「宋金攻遼之外交」，頁一七二。

6 〔會編〕，卷二，頁十上下。〔長編紀事本末〕，卷一四二，頁二下——三上。

一一一八年（宋重和元年，金天輔二年）四月，宋廷遣馬政，呼延慶及高藥師使金[7]。當時似未呈遞國書，但以口頭說明宋廷有意與女眞「共伐大遼」[8]。十月初，金主完顏阿骨打遣李善慶、散覩等與馬政一同赴宋都汴京[9]。金國書云：「所請之地，今當與宋夾攻，得者有之。」[10]

同年三月、四月、七月、八月、閏八月及十二月，遼使耶律奴哥等六次至金議和。金廷亦兩次遣胡突袞使遼談判[11]。

由於遼金之間和談的繼續舉行，宋金的交涉在次年（一一一九年，宋宣和元年，金天輔三年）中沒有甚麼進展。六月，金使散覩自宋返國[12]。同年宋使抵達金廷的祇有呼延慶。他被金人留在軍中直到十二月。目的似在等待對遼談判的結果。當時遼帝於三月遣使至金，並

---

7 參看註4。

8 「會編」卷二，頁十一上。吳景宏，「宋金攻遼之外交」，頁一七三——一七四；徐玉虎，「宋金海上聯盟的概觀」（「宋史研究集」第一輯），頁二二七——二四一。

9 「會編」卷二，頁十二下。散覩卽宋方記載之「小散多」。按「金史」載此事於二年正月，據考證應改列於十月。參看「金史」注七。

10 「金史」卷二，頁三〇。

11 同上，頁三一——三二。

12 「金史」卷二，頁三三載宋使馬政及子宏來聘。復遣辭列、曷魯等如宋。此一記載仍屬誤記，看「金史」注八。

於六月遣遼太傅習泥烈等奉册璽册金主[13]。但是金主對於册文極爲不滿，册封之舉遂不成。呼延慶返國時將此一消息帶回宋廷。

遼金間的談判既已觸礁，宋金之間的交涉乃又恢復。西元一一二〇年（宋宣和二年，金天輔四年）的三月，宋遣使臣趙良嗣（卽馬植）、王瓌（〔金史〕作王暉）至金商議燕京和西京地[14]。金主阿骨打口頭允許將燕雲地歸還，但是要求宋廷給予歲賜五十萬[15]。七月，趙良嗣等返國時，金人遣辭列，曷魯持國書同來，許燕地[16]。九月，金使入見。宋廷以國書付馬政及其子馬擴等與金使一同赴金，允將遼歲幣轉送金人，而擬取燕雲地[17]。但是宋使於十一月抵金廷時，阿骨打不許西京及平、灤、營三州。顯然金人認爲他們征取全部遼地後，宋人不得不以對遼的條件對金[18]。

於是金人於次年初（西元一一二一年，宋宣和三年，金天輔五年）遣曷魯帶到宋廷的國

---

13 〔金史〕卷二，頁三三。
14 〔會編〕卷四，頁三上；〔金史〕卷二，頁三十三及注十，十一。
15 〔會編〕卷四，頁三下——七上。
16 同上，頁七上——八下。
17 同上，頁八下——十一上。
18 同上，頁十一上下。

書，詞句比較不確定，認爲「昨者趙良嗣等回，許與燕京幷所管州鎭，書載若不夾攻，難應已許。今若便要西京，只請就便計度收取。」[19]換言之，如果宋人無力與金合作夾攻，收復西京，而讓女眞取得西京，女眞不擬將西京交給北宋。

當時童貫在江南討方臘。宋徽宗對於聯金的交涉頗有悔意。因此金使於八月返國時，他不再遣使同行。僅以國書付金使帶回，其中堅持燕地誰屬應「如初議。」[20]

在遼金戰爭方面，金軍已於前一年佔領上京。與遼和議的談判旣已破裂，在這兩年內（一一二〇——一一二一）金軍全力攻打契丹，並於一一二二年初攻取遼中京。

局勢至此，宋金談判暫告中止。兩國之間雖有國書往來，並達到夾攻的協議，但是還沒有正式條約的締訂。盟約應如何寫定，端視雙方軍事行動進行的情況，和佔領的地盤大小而定。所以宋人也不得不於次年對遼採取軍事行動。

西元一一二二年（宋宣和四年，金天輔六年）初，金軍首先攻佔遼中京。遼朝分崩離析，殘餘勢力各自保聚。比較重要而自稱正朔的有所謂「遼末三遼」，卽天祚帝自領的殘軍之外，有耶律淳的北遼與梁王耶律雅里的西北遼。耶律淳據燕自立，本無意與宋衝突。四

19 〔會編〕卷四，頁十四下——十五上。

20 同上，卷五，頁二上。

月，徽宗命童貫揮軍北伐燕京，其指示還算謹慎：「如燕人悅而從之，因復舊疆，策之上也；耶律淳能納款稱藩，策之中也；燕人未即悅服，按兵巡邊，全師而還，策之下也。」[21]

金人得報宋人出師攻燕，恐宋人成功，得不到歲幣，遂於四月遣徒單吳甲、高慶裔使宋，約夾攻燕京及西京[22]。宋軍在种師道的指揮下，於五月下旬爲契丹所敗[23]。一月後，耶律淳病死。宋人再議興師，以劉延慶爲都統制進兵。契丹蕭后已納表稱臣，但是劉延慶和契丹降將郭藥師仍想一舉收復燕京，揮軍進攻，卻於十月下旬再度敗北[24]。

九月，金使吳甲等抵汴京。當時宋軍已敗，朝廷對金兵力有所依賴，遂遣趙良嗣、馬擴與金使同返。宋國書約金兵夾攻燕京，並請金人追捕遼天祚帝，同時重申欲收復燕雲[25]。十一月初，宋使見金主時，金人已經知道宋人第一次攻燕的失敗，祇許燕京及六州二十四縣（薊、景、檀、順、涿、易）[26]。並遣使李靖、烏凌噶色呼美以此一新條件來和宋人談判。徽

21 同上，頁九下。
22 〔金史〕卷二，頁三七；〔會編〕卷七，頁三上——四下。吳甲〔會編〕作徒姑旦烏歇。
23 〔會編〕卷七，頁四下——六下。
24 同上，卷十，頁一上——四上；卷十一，頁一上——六上。
25 〔會編〕卷九，頁九下——十一下。
26 同上，卷十一，頁六上——十二下。

宗遣趙良嗣、周武仲持國書隨金使李靖至金廷，仍許按契丹舊例贈金歲幣，卻再度要求金人交還西京及平、灤、營三州[27]。

十二月初，金兵至燕。燕京城內遼漢官左企弓、曹勇義、劉彥宗等開門迎降[28]。大局演變至此，在外交談判上，自然對宋人非常不利。雖然如此，宋朝廷仍然派遣趙良嗣、周武仲向金人求取燕雲地。金人不許，於國書中指宋人失約，「未相應夾攻」。反而提出要求，於宋人每年致送歲幣之外，加付燕地賦稅[29]。

一一二三年春（宋宣和五年，金天輔七年），金使李靖呈遞國書，提出前述要求。經商議後，宋君臣決定接受這些條件，並且於女真使人返國時，遣趙良嗣、周武仲為國信使，馬擴為計議使，前往議定燕京賦稅數目[30]。幾經折衝，宋使答允每歲另送一百萬貫給金人[31]。二月，宋廷正式認可了前述的條件。不過，宋君臣仍然希望能夠收回西京，遂於遣趙良

27 同上，卷十二，頁一下——三上。據〔會編〕卷十一，頁十四下——十五上載，宋軍兩次攻燕失敗，徽宋對童貫大為不滿。童貫大懼，密遣王瓌至金主軍前，請其出兵夾攻燕京。

28 同上，卷十二，頁四上——六下。

29 同上，頁九上——十一下。

30 同上，卷十三，頁一上——六上。

31 同上，頁六下——十一下；卷十四，頁一上——四上。

嗣等將國書帶赴金廷時，再求交涉。最後，金人允許交回西京，但是需要一點給金兵的犒賞。此事不載於金人覆書中，而附在國書後的「事目」中：

……今來又令良嗣等計議西京，一就收復。雖貴朝不經夾攻，而念兩朝通和，實同一家，必務交懽，篤于往日，特許與西京、武、應、朔、蔚、奉聖、歸化、儒、嬀等州，並地土民戶[32]。

此外，金人擬定了誓書的草稿，稱爲「誓草」，交使人銀朮哥（〔會編〕作甯朮割）等於三月携至宋廷呈遞，要求宋人依草稿撰寫誓書。在所謂「誓草」中，交還宋朝的地區，祇提及「燕京、涿、易、檀、順、景、薊並屬縣及所管戶民。」[33]金使並於口頭要求宋人給予收復西京的金軍的犒賞。此外，兩國皇帝並不建立親屬關係，以「敵國往來，只可用知交之禮。」[34]

宋朝依金人「誓草」所立誓書，也就是宋金交涉最後所訂立的條約，條文是金人所定，所以不提西京等地。誓書內容，與「誓草」幾乎全同，僅於前面加了一段引言：「天之所助

32 同上，卷十四，頁十上。
33 同上，誓草見頁十上——十一上。
34 此一交涉見〔會編〕卷十五，頁一上下。

者順，人之所助者信。履信思乎順，則自天祐之吉無不利。」中間加了西京犒賞的「每年幷交綠礬二千栲栳。」[35]在金人方面，其誓書依宋人的寫定，前面的引言則不同：「惟信與義，取天下之大器也。以通神明之心，以除天地之害。昨以契丹國主失道，民墜塗炭，肆用興師，事在誅弔。貴朝遣使航海計議，若將來幷遼國，願還幽燕故地。當時曾有依允，洎者親領兵至全燕一方，不攻自下。尙念姑欲敦好，與燕京、涿、易、檀、順、景、薊並屬縣及所管戶民與之如約。」條約之後，又有下面一段文字：「本朝志欲協和萬邦，大示誠信，故與燕地，兼同誓約。苟或違之，天地鑒察，神明速殃，子孫不紹，社稷傾危。如變渝在彼，一准誓約，不以所與爲定。」[36]

條約的主要內容，是將燕京及六州所屬縣及民戶交與宋朝，由宋朝將過去給契丹的歲幣，外加燕京代稅錢一百萬貫，每年轉交給女眞。此外，雙方應嚴守疆界，不得侵犯對方土地人戶，亦不得招誘邊人。這些規定是沿襲過去宋遼間的條約的。

最後，誓書中不載西京，並非宋廷訂約時之「疏忽」[37]，而是因爲宋誓書全依金人誓草

35 宋誓書全文見〔弔伐錄〕卷一，頁七下——八下。宋金誓書的英文譯文見Herbert Franke, *"Treaties between Sung and Chin,"* pp. 60-64.

36 金誓書見〔會編〕卷十五，頁十下——十一下；〔弔伐錄〕卷一，頁十上至十一下。

37 吳景宏，「宋金攻遼之外交」，頁一七八。

而定，而金人無意在誓書中明白記載西京的安排所致。

宋師由童貫、蔡攸率領，於宣和五年（一一二三）四月十七日入燕京。童貫上復燕奏。二十七日，朝廷以收復燕雲，大赦新收復地區[38]。六月一日，蔡京進賀表，其中有「萬國來同，一方底定；乾坤動色，廟社用光」及「揚厲無前之偉績，鋪張不世之宏休」等誇大詞句[39]。同時，遼平州節度使張覺反叛金人，投奔宋朝[40]。宋人接納張覺，違反了上述條約的規定。於是金人以毀約爲藉口，興師問罪，演成靖康之禍。

從以上史實中，可以看出以下幾個要點：

第一，聯金之議雖然很早就提出來，但是幾經談判，實際協定的成立是在金與遼和談破裂及金已出師破遼之後。宋人出師更遲，是在金兵已經佔領遼中京以後。換言之，宋人於觀望二虎相鬭，一方已操勝劵之後，纔決定從敗者手裏奪取燕京。

第二，北宋在聯金滅遼的軍事行動方面，出力很小。兩次出兵攻打燕京，都遭到挫敗。而且每當宋廷知悉遼有意與金議和，就中止夾攻之議。同時，若從〔金史〕的記載看，滅遼

38　〔會編〕卷十六，頁十一下——十二下。
39　同上卷十七，頁五上——六上。
40　同上，頁二下——四下。

完全是金軍獨力作戰的結果。這一點顯示金滅遼的必然性。但是也顯示了宋人聯金與否，對於遼的存亡大勢沒有影響。宋遼在名義上是兄弟之邦，但是宋人受遼的壓力甚久，而且收復燕雲是宋開國以來較求進取的君臣一致的願望，所以宋絕對不可能出師助遼抗金。何況即使幫助遼人也不能扭轉大局。既然如此，則聯金取燕雲以鞏固北邊，並非失策。

第三，在聯金滅遼的過程中，宋人出力很小，而且連遭敗衂，暴露了很多弱點。在軍事上無力收復失土，不斷的請求金人向燕京和西京進兵，使金人對宋人十分輕視。當時辦外交的馬擴，對於借金人之力來破燕京，有如下的意見：

何得自示懦弱，盡露腹心，傾身倚以爲助？全藉彼兵，直許之入關？如此則大事去矣[41]。

宋人既然倚賴金人收復燕京，自然必須付出代價。金人一步步提高價碼，減少交予宋人的疆土，並且在最後訂立條約時，其內容和文字都由金人擬定。

最後，不得容納叛亡是宋遼和宋金間條約所一再申明的重要事項，北宋對遼從未違反這一點。宋對金不旋踵即毀約，是一大失策。

在討論北宋覆亡的原因方面，首先必須指出，過去學者一向喜歡責怪北宋自建國以來的

---

41 同上，卷十，頁五上——七上〔茅齋自敍〕。

積弱，是最後亡國的遠因。例如南宋朱熹論封建優劣就指責北宋州縣之權太輕[42]。但是北宋卽使不強，也能維持一百七十餘年的太平局面。在討論北宋末年聯金滅遼政策時，學者大都認識到宋人的武力和外交不能配合的情況。宋朝在徽宗治下，政風靡亂，軍備廢弛。內外由蔡京、童貫用事，國勢不振。從事海上之盟的外交，實無法以軍力爲後盾，保證盟誓不隳。朱熹已見及當時國家財政首重養兵，而兵不可用[43]。後來王夫之著〔宋論〕，更將徽宗「不知人而任之，而宋之亡無往而不亡矣」發揮得淋漓盡致。王夫之似乎不認爲宋的外交有何失策，因爲當時大勢全由金人主動，並非宋人改變外交政策卽能挽救。所以他指出：「夾攻也，援遼也，靜鎭也，三者俱無以自全。蓋宋至是而求免於女眞也難矣。」[44]的確，宋人採用上述後兩種政策的任何一種，都不會對宋有利。

王夫之認爲北宋必亡，一方面是後人見到歷史發展的軌跡而加上的判斷，另一方面或許是他就北宋史事來發抒他自己的亡國之痛。若就西元一一二三年春季的情況而言，北宋以最小而且失敗的軍事行動，和相當笨拙的外交手腕，換取了燕京及若干失地，不可不說是難得

42 清黃子洪輯，〔朱子語類〕（一八七二年刻本），卷一〇八，頁三下——四上。

43 同上卷一一〇，頁四下：「論財富曰：財用不足，起於養兵，其他用度止在二分之中。古者刻剝之法，本朝皆備，所以有靖康之亂。」又說：「今朝廷盡力養兵，而兵常有不足之患。」這雖是論南宋，却也是北宋的弊病。

44 王夫之，〔宋論〕（上海：商務，民國二十五年），卷八，頁一三一——一三二。

的機會帶來的成功。直到當時爲止，聯金滅遼的政策在原則上是正確的。如果北宋君臣有自知之明，不被這一偶然的成功冲昏了頭，積極從事河北防務的鞏固，嚴守新訂的條約，未嘗不能再造類似與遼對峙的局面。

學者大都認爲北宋之亡，主要原因之一是聯金滅遼政策執行時，自暴弱點[45]。例如宋軍無力收復燕京，反而引導金人來攻，而金人大軍抵達燕京時，卻能兵不血刃的令燕京投降。北宋之弱至此表露無遺，給金人以可趁之機。雖然如此，女眞人於滅遼後並無立即併吞燕雲，席捲中原的企圖。因此，引發靖康之禍的最主要原因是宋方未能固守盟約，卻容納叛將張覺，給予金人入侵的口實[46]。至於以爲君臣議論不定及新舊黨爭是亡國的主要遠因[47]，則尙不如王夫之指責徽宗用人不當來得恰當。

45 徐玉虎，「宋金海上聯盟的概觀」，頁二三八——二三九；張天佑，「宋金海上聯盟的研究」，頁二三六。

46 徐玉虎，「宋金海上聯盟的概觀」，頁二四〇——二四一，及張天佑「宋金海上聯盟的研究」頁二三六皆以此為原因之一。吳景宏則似以此為主要原因。見其「宋金攻遼之外交」，頁一八一——一八三。

47 金毓黻，「宋遼金史」（香港：龍門書店本，一九六六香港三版），頁六七——六八。

史源及參考書

一　史源

王仁俊編，〔遼文萃〕，〔遼海叢書〕第六集，七卷一册。

王安石，〔臨川先生文集〕，〔四部叢刊初編〕縮本，一百卷，目錄二卷。

王禹偁，〔小畜集〕，〔國學基本叢書〕，三十卷。

王禹偁，〔小畜外集〕，〔國學基本叢書〕，十三卷。

王珪，〔華陽集〕，〔聚珍叢書〕，四十卷。

尹洙，〔河南先生文集〕，〔四部叢刊初編〕，二十八卷。

石介，〔徂徠集〕，〔四庫全書珍本〕四集，二十卷。

司馬光，〔涑水紀聞〕，〔聚珍叢書〕，十六卷。
司馬光，〔溫國文正司馬公文集〕，〔四部叢刊〕，八十卷。
司馬光，〔資治通鑑〕，臺北：藝文本，二百九十四卷。
田況，〔儒林公議〕，〔叢書集成〕，二卷。
田錫，〔咸平集〕，〔四庫全書珍本〕四集，三十卷。
宋祁，〔景文集〕，〔聚珍叢書〕，六十二卷。
宋綬、宋敏求，〔宋大詔令集〕，鼎文影印，一九六二，二百四十卷附校記。
沈括，〔夢溪筆談〕，〔津逮秘書〕，二十六卷。
李心傳，〔建炎以來繫年要錄〕，〔叢書集成初編〕，二百卷。
李心傳，〔建炎以來朝野雜記〕，〔聚珍叢書〕，四十卷附校勘記五卷。
李若水等，〔太宗皇帝實錄殘本〕，〔四部叢刊〕三編，殘二十卷（存卷二十六——三十五，卷四十一——四十五，卷七十六——八十）。
李壼，〔皇宋十朝綱要〕，〔羅雪堂先生全集四編〕第十册（大通書局本），二十五卷。
李廌，〔濟南集〕，〔四庫全書珍本〕別輯，八卷。
李覯，〔直講李先生文集〕，〔四部叢刊初編〕，三十七卷，「外集」三卷，附「年譜」一卷，「門人錄」一卷。

李燾，〔續資治通鑑長編〕，世界書局輯本，六百卷，序一卷，總目一卷。

呂祖謙編，〔宋文鑑〕，臺北：世界書局據〔四部叢刊〕本影印，民國五十一年。一百五十卷，序一卷，總目一卷，目錄一卷。

呂陶，〔淨德集〕，〔四庫全書珍本〕別輯，三十八卷。

余靖，〔武溪集〕，〔廣東叢書〕，二十卷附補佚一卷。

佚名，〔弔伐錄〕，〔四部叢刊〕三編，二卷。

佚名，〔宣和遺事〕，臺北：世界書局，民國四十七年，四集。

邵伯溫，〔河南邵氏聞見前錄〕，學津討原，二十卷。

邵雍，〔伊川擊壤集〕，〔四部叢刊初編〕，二十卷，「集外詩」一卷。

姜夔，〔白石道人詩集〕，〔四部叢刊〕縮本，二卷，「集外詩」一卷，「詩說」一卷，「歌曲」四卷，「歌曲別集」一卷，「附錄」一卷。

胡宿，〔文恭集〕，〔四庫全書珍本〕別輯，五十卷，「補遺」一卷。

范仲淹，〔范文正公集〕，〔四部叢刊〕，二十卷，「別集」四卷，「政府奏議」二卷，「尺牘」三卷，「附錄」十三卷，附「年譜」一卷，「補遺」一卷。

范祖禹，〔唐鑑〕，商務人人文庫本，二十四卷。

范純仁，〔范忠宣公集〕，康熙四十六年刻本，二十卷，「奏議」二卷，「遺文」一卷，「附錄」一卷，

「補編」一卷。

班固，〔漢書〕，百衲本，一百卷。

夏竦，〔文莊集〕，〔四庫全書珍本〕初集，三十六卷。

秦觀，〔淮海集〕，〔四部叢刊初編〕，四十卷，「後集」六卷，「長短句」三卷。

畢仲游，〔西臺集〕，〔四庫全書珍本〕別輯，二十卷。

晏殊，〔元獻遺文〕，〔四庫全書珍本〕七集，一卷。

徐松輯，〔宋會要輯稿〕，臺北：新文豐據民國二十五年北平圖書館影印本影印，民國六十年，八册。

徐夢莘，〔三朝北盟會編〕，臺北：文海據清光緒四年越東刋本影印，民國五十一年。二百五十卷，附「校勘記」。

張方平，〔樂全集〕，〔四庫全書珍本〕初集，四十卷，「附錄」一卷。

張耒，〔柯山集〕，〔四庫全書珍本〕四集，五十卷。

陸佃，〔陶山集〕，〔四庫全書珍本〕別輯，十四卷。

陸贄，〔陸宣公奏議〕，臺北：商務，民國五十四年臺初版，四卷。

梅堯臣，〔宛陵先生集〕，〔四部叢刊〕縮本，六十卷，「拾遺」一卷，「附錄」一卷。

陳均，〔皇朝編年綱目備要〕，成文影印靜嘉堂文庫宋本，三十卷。

陳舜俞，〔都官集〕，〔四庫全書珍本〕三集，十四卷。

陳襄，〔古靈集〕，〔四庫全書珍本〕三集，二十五卷。

華鎮，〔雲溪居士集〕，〔四庫全書珍本〕初集，三十卷。

脫脫等，〔宋史〕，仁壽本，四百九十六卷。並參用點校本。

脫脫等，〔金史〕，仁壽本，一百三十五卷。並參用點校本。

脫脫等，〔遼史〕，仁壽本，一百十六卷。並參用點校本。

曾鞏，〔元豐類藁〕，〔四部叢刊〕縮本，五十卷，附錄一卷。

彭汝礪，〔鄱陽集〕，〔四庫全書珍本〕二集，十三卷。

程頤、程顥撰，朱熹輯，〔二程全書〕，〔四部備要〕，七十七卷。

葉隆禮，〔契丹國志〕，〔宋遼金元四朝別史〕，二十七卷。

葉夢得撰，宇文紹奕考異，〔石林燕語考異〕，觀古堂彙刻書第一集，十卷。

趙汝愚，〔宋名臣奏議〕，〔四庫全書珍本〕二集，一百五十卷。

趙抃，〔清獻集〕，〔四庫全書珍本〕四集，十卷。

鄭麟趾，〔高麗史〕，臺北：文史哲出版，民國六十一年，一百三十七卷。

歐陽修，〔歐陽文忠公文集〕，〔四部叢刊初編〕，一百五十三卷。

蔡絛，〔鐵圍山叢談〕，〔學海類編〕，六卷。

蔡襄，〔端明集〕，〔四庫全書珍本〕四集，四十卷。

劉攽，〔彭城集〕，〔國學基本叢書〕，四十卷。
劉跂，〔學易集〕，〔四庫全書珍本〕別輯，八卷。
劉敞，〔公是集〕，〔四庫全書珍本〕別輯，四十五卷。
劉摯，〔忠肅集〕，〔四庫全書珍本〕別輯，二十卷。
龍袞，〔江南野史〕，〔四庫全書珍本〕十一集，十卷。
韓琦，〔安陽集〕，〔四庫全書珍本〕四集，五十卷。
韓愈撰，朱熹考異，〔朱文公校昌黎先生文集〕，〔四部叢刊初編〕，四十卷，外集十卷，遺文一卷。
韓維，〔南陽集〕，〔四庫全書珍本〕二集，三十卷。
薛居正，〔舊五代史〕，百衲本，一百五十卷。
繆荃孫輯，〔遼文存〕，光緒廿二年雲自在堪刊本，六卷，二册。
羅振玉編，〔遼陵石刻集錄〕，奉天圖書館。
羅從彥，〔羅豫章集〕，〔叢書集成初編〕，十卷。
羅福頤，〔遼文續拾〕，乙亥墨緣堂印，二卷，「補遺」「彙目」各一卷。
蘇舜欽，〔蘇舜欽集〕，上海：中華書局，一九六一，十六卷，「拾遺」一。
蘇舜欽，〔蘇學士文集〕，〔四部叢刊〕縮本，十六卷，「校語」一卷。
蘇軾，〔東坡七集〕，〔四部備要〕，四十卷，「後集」二十卷，「奏議」十五卷，「外制集」三卷，「

內制集」十卷，「欒語」一卷，「應詔集」十卷，「續集」十二卷，「附校記」二卷，又附「東坡先生年譜」一卷。

蘇頌，〔蘇魏公文集〕，〔四庫全書珍本〕四集，七十二卷。

蘇轍，〔欒城集〕，〔四部備要〕，五十卷，後集二十四卷，三集十卷。

蘇轍，〔欒城後集〕，〔四部叢刊初編〕，二十四卷。

蘇轍，〔欒城應詔集〕，〔四部叢刊初編〕，十二卷。

二　參考書

一　中文專著

王夫之，〔宋論〕，上海：商務，民國二十五年，十五卷。

屯盧主人輯，〔五千年中外交涉史〕，光緒癸卯上海蜚英書局鉛印。

札奇斯欽，〔北亞游牧民族與中原農業民族間的和平戰爭與貿易之關係〕，臺北：正中書局，民國六十二年。

宋大章等修，周存培等纂，〔涿縣志〕，臺北：成文據民國二十五年排印本影印，民國五十九年，十八卷。

吳廣成，〔西夏書事〕，臺北：廣文書局影印，四十二卷。

金毓黻，〔宋遼金史〕，香港：龍門書店，一九六六。

施國祁，〔金源劄記〕，〔仰視千七百二十九鶴齋叢書〕，二卷。
姚從吾，〔姚從吾先生全集〕(二)——「遼金元史講義——甲、遼朝史」，臺北：正中書局，民國六十年。
姚從吾，〔姚從吾先生全集〕(三)——「遼金元史講義——乙、金朝史」，臺北：正中書局，一九七三。
秦廷秀等修、劉崇本纂，〔雄縣新志〕，臺北：成文據民國十八年排印本影印，民國五十九年，七卷。
畢沅，〔續資治通鑑〕，臺北：世界書局，民國六十三年，二百二十卷，「序」一卷，「文獻」一卷，「目錄」一卷。
畢沅、阮元，〔山左金石志〕，藝文印書館，一九六六，二十四卷，十二册。
馬端臨，〔文獻通考〕，上海：商務，民國二十五年，三百四十八卷，附「考證」三卷。
梁啓超，〔王荆公〕，列入〔飲冰室合集〕（上海：中華書局）專集第七册。
張亮采，〔補遼史交聘表〕，上海：中華，一九五八，五卷。
張家駒，〔沈括〕，上海，一九六二。
陳述，〔契丹史論證稿〕，〔遼史彙編〕第七册。
陶晉生、王民信編，〔李燾續資治通鑑長編宋遼關係史料輯錄〕，三册，臺北：中央研究院歷史語言研究所，民國六十三年。
楊仲良，〔資治通鑑長編紀事本末〕，臺北：文海，〔宋史資料萃編〕第二輯，一百五十卷。
楊家駱編，〔遼史彙編〕，臺北：鼎文書局影印本，民國六十二年。十册，「補編」一册。

趙鐵寒編，〔遼史校勘記〕（馮家昇，「遼史初校」；羅繼祖，「遼史校勘記」；馮家昇，「遼史與金史新舊五代史互證舉例」；馮家昇，「遼史源流考」），臺北：大華印書館，一九七一。

厲鶚輯，〔宋詩紀事〕，臺北：中華書局影印本，民國六十年，一百卷。

厲鶚，〔遼史拾遺〕，廣雅叢書，二十四卷。

劉子健，〔歐陽修的治學與從政〕，香港：新亞研究所，一九六三。

劉伯驥，〔春秋會盟政治〕，臺北：中華叢書編審委員會，民國五十一年。

蔡上翔，〔王荆公年譜考略〕，存是樓藏板，卷首序言日期爲嘉慶九年，二十五卷，「雜錄」二卷，「附錄」一卷。

鄧廣銘，〔王安石：中國十一世紀時的改革家〕，北京，一九七五。

謝詒徵編，〔宋之外交〕，上海：大東書局，民國二十四年。

二　中文論文

王民信，「遼宋澶淵盟約締結的背景」（上）（中）（下），〔書目季刊〕第九卷第一期（一九七五），三五——四九；第三期（一九七五），四五——五六；第四期（一九七六），頁五三——六四。

王民信，「澶淵締盟之研究」，〔食貨月刊〕第五卷第三期（民國六十四年），頁九七——一〇八。

王吉林，「契丹與南唐外交關係之探討」，〔幼獅學誌〕第五卷第二期（一九六六），頁一——一六。

王桐齡，「宋遼之關係」，〔清華學報〕四卷二期（民國二十六年），頁一三四三——一三五一。
王德毅，「呂夷簡與范仲淹」，〔史學彙刊〕第四期（民國六十年），頁八五——一一九。
毛汶，「金人反遼之背景與動機」，〔學風〕第六卷第九、十期（一九三六），頁一——六。
朱斯白，「王安石與宋遼之畫界交涉」，臺灣大學學士論文（民國四十二年）。
牟潤孫，「兩宋春秋學之主流」，〔大陸雜誌〕第五卷第四、五兩期（民國四十一年），頁一一三——一一六；一七〇——一七二。
吳晗，「陣圖與宋遼戰爭」，〔新建設〕四期（一九五九）頁二九——三三。
吳景宏，「宋金攻遼之外交」，〔東方雜誌〕四十三卷十八期（民國三十六年），頁四五——五二。
宋常廉，「高梁河戰役考實」，〔大陸雜誌〕三十九卷十期（一九六九），頁三二六——三三六。
邢義田，「天下一家——中國人的天下觀」，〔中國文化新論：根源篇——永恆的巨流〕（臺北：聯經，民國七十年），頁四二五——四七八。
邢義田，「契丹與五代政權更迭之關係」，〔食貨月刊〕第一卷第六期（民國六十年），頁二九六——三〇七。
周伯戡，「春秋會盟與霸主政治的基礎」，〔史原〕第六期（民國六十四年），頁一七——六二。
姚從吾，「遼金元時期通事考」，〔文史哲學報〕第十六期（民國五十六年），頁二〇七——二三一。
姚從吾，「阿保機與後唐使臣姚坤會見談話集錄」，〔文史哲學報〕第五期（民國四十二年），頁九一——

一一二。

姚從吾，「從宋人所記燕雲十六州淪入契丹後的實況看遼宋關係」，〔大陸雜誌〕二十八卷十期（民國五十三年），頁三一九——三二四。

畑地正憲著、鄭樑生譯，「北宋與遼的貿易及其歲贈」，〔食貨月刊〕第四卷第九期（民國六十三年），頁四〇〇——四一五。

星槎，「關於契丹國書的介紹」，〔文物〕一九五九年第三期，頁二八。

徐玉虎，「宋金海上聯盟的概觀」，〔大陸雜誌〕十一卷十二期（民國四十四年），頁三八四——三八八。

張天佑，「宋金海上聯盟的研究」，〔中國歷史學會史學集刊〕第一期（民國五十八年），頁二二三——二六七。

張雅琴，「沈括與宋遼劃界交涉」，〔史繹〕第十二期（民國六十四年），頁一〇——二五。

陳芳明，「宋代正統論的形成背景及其內容」，〔食貨月刊〕一卷八期（民國六十年），頁四一八——四三〇。

陳述，「阿保機與李克用盟結兄弟之年及其背盟相攻之推測」，〔歷史語言研究所集刊〕第七本第一分（一九三六），頁七九——八八。

陳慶新，「宋儒春秋尊王要義的發微與其政治思想」，〔新亞學報〕十卷一期（一九七一），頁二六九——三六八。

陶晉生，「余靖與宋遼夏外交」，〔食貨月刊〕一卷十期（民國六十一年），頁五三四——五三九。

傅樂成，「唐代夷夏觀念之演變」，〔大陸雜誌〕二十五卷八期（民國五十一年），頁二三六——二四二。

傅樂煥，「宋人使遼語錄行程考」，〔國學季刊〕五卷四期（民國二十四年），頁一六五——一九四。

傅樂煥，「宋遼聘使表稿」，〔歷史語言研究所集刊〕第十四本（一九四九），頁五七——一三六。

傅樂煥，「遼代四時捺鉢考五篇」，〔歷史語言研究所集刊〕第十本（民國三十七年），頁二二四——三四七。

程光裕，「澶州之盟與天書」，〔大陸雜誌〕二十二卷六期（民國五十年）頁一一——一七；七期，頁二一——二八。

雷海宗，「古代中國的外交」，〔社會科學〕（清華）四卷一期（一九四七），頁一〇九——一二一。

楊聯陞著、邢義田譯，「從歷史看中國的世界秩序」，〔食貨月刊〕二卷二期（民國六十一年），頁七三——八〇。

逯耀東，「北魏與南朝對峙期間的外交關係」，〔新亞學院學術年刊〕第八期（一九六六），頁三一——六一。

趙之藺，「澶淵之盟以前宋遼之外交關係」，〔國學叢刊〕第十三期（民國三十二年），頁二三——二八。

趙鐵寒，「關於宋代強幹弱枝國策的管見」，〔宋史研究集〕第一輯（臺北：中華叢書委員會，民國四十七年），頁四五〇——四五三。

趙鐵寒，「燕雲十六州的地理分析」，〔大陸雜誌〕十七卷十一、十二兩期（民國四十七年），頁三三一—三三五；三七八—三八二。

齊覺生，「北宋聯制與買和的外交」，〔政治大學學報〕第二十一期（民國五十九年），頁六九—一一五。

樓桐孫，「一件國難外交的史實（寇準澶淵之役）」，〔東方雜誌〕三十三卷四期（民國二十五年），頁五—九。

蔣復璁，「宋代一個國策的檢討」，〔宋史研究集〕第一輯（民國四十七年），頁四〇七—四五〇。

蔣復璁，「宋遼澶淵之盟的研究」，〔宋史新探〕（正中，民國五十五年），頁一〇〇—一五〇。

蔣復璁，「宋眞宗與澶淵之盟」，〔大陸雜誌〕二十二卷八、九、十期（民國五十年），頁二五八—二六二；二九一—二九八；三三〇—三三四。

劉銘恕，「宋代出版法及對遼金之書禁」，〔中國文化研究彙刊〕第五卷（一九四五），頁九五—一一四。

劉德美，「范祖禹與唐鑑」，〔食貨月刊〕九卷七、八期（民國六十八年），頁二七六—二八四。

盧逮曾，「五代十國對遼的外交」，〔學術季刊〕三卷一期（民國四十三年），頁二五—五一。

錢穆，「論宋代相權」，〔宋史研究集〕第一輯（民國四十七年），頁四五五—四六二。

闕鎬曾，「宋夏關係之研究」，〔政治大學學報〕第九期（民國五十三年），頁二六七—三一七。

謝瑩瑩，「澶淵盟約對於契丹遼朝接受中原文化影響的分析」，臺灣大學碩士論文。
閻沁恒，「北宋對遼塘埭設施之研究」，〔政治大學學報〕第八期（民國五十二年），頁二四七——二五七。
聶崇岐，「宋遼交聘考」，〔燕京學報〕第二十七期（一九四〇），頁一——五二。
羅福頤，「契丹圖書管窺」，〔燕京學報〕第三十七期（一九四九），頁二〇三——二四一。

三　日文專著

田村實造，〔中國征服王朝の研究〕，上、中。京都：京都大學東洋史研究會，一九六四——一九七一。
佐伯富編，〔宋史職官志索引〕。京都：京都大學東洋史研究會，一九六三。
東亞研究所，〔異民族の支那統治史〕。東京：大日本雄辯會講談社刋，一九四四。
島田正郎，〔遼制之研究〕。東京：汲古書院，一九五四。
愛宕松男，〔アジアの征服王朝〕，列入〔世界の歷史〕第十一册。東京：河出書房，一九六九。
藤枝晃，〔征服王朝〕。秋田屋，一九四八。

四　日文論文

日野開三郎，「五代，北宋の歲幣，歲賜の推移」，〔東洋史學〕第五輯（一九五二），頁一九——四一。
日野開三郎，「五代，北宋の歲幣，歲賜と財政」，〔東洋史學〕第六輯（一九五二），頁一——二六。
日野開三郎，「銀絹の需給上よりみた五代・北宋の歲幣・歲賜」，〔東洋學報〕第三十五卷第一、二號（一九五二），頁一——二五；一三八——一七七。
田村實造，「遊牧民族と農耕民族との歷史的關係」，京都大學停年退官最終講義，一九六八。
佐伯富，「宋代雄州における緩衝地兩輸地について」，〔中國史研究〕，第一（京都：東洋史研究會，一九六九），頁四八八——五二三。
譯文，李景鎔譯，「宋代雄州之兩輸地」，列入存萃學社編集，〔宋遼金元史論集〕（香港，崇文書店，一九七一），頁四三——六一。
松井等，「北宋の契丹防備と茶の利用」，滿鮮地理歷史研究報告五（大正七年），頁一二一——一七九。
松井等，「宋對契丹の戰略地理」，滿鮮地理歷史研究報告四（大正七年），頁六七——一二九。
松井等，「契丹の國軍編制及び戰術」，滿鮮地理歷史研究報告四（大正七年），頁一——六五。
宮崎市定，「宋代官制序說」，列入佐伯富編，〔宋史職官志索引〕（京都，一九六三），頁一六——二二。
德山正人，「遼・宋國境內の兩輸戶について」，〔史潮〕第十一年第四號，頁四二七——四五五。

三 西文專著

Chang, Kwang-chih, *Shang Civilization*. New Haven: Yale University Press 1980.

Creel, H. G. *The Origins of Statecraft in China*. Chicago: University of Chicago Press, 1970.

Fairbank, John K.; *Trade and Diplomacy on the China Coast: The Opening of the Treaty Ports. 1842-1854*. Cambridge, Mass., 1953.

Fairbank, John K., ed., *The Chinese World Order: Traditional China's Foreign Relations*. Cambridge, Mass.: Harvard University Press, 1968.

Fairbank, John K. and Edwin O. Reischauer, *East Asia: The Great Tradition*. Boston, 1962.

Franke, Herbert, *Diplomatic Missions of the Sung State 960-1276*. Canberra, Australia: ANU Press, 1981.

Liu, James T. C., *Ou-yang Hsiu: An Eleventh-Century Neo-Confucianist*. Stanford: Stanford University Press, 1967.

Rossabi, Morris, ed., *China Among Equals: The Middle Kingdom and its Neighbors, 10th to 14 th Centuries*. University of California Press, 1983.

Schwarz-Schilling, Christian, *Der Friede von Shan-Yuan (1005 n. Chr.) Ein Beitrag zur Geschichte der Chinesischen Diplomatie*. Wiesbaden: Otto Harrassowitz, 1959.

Serruys, Henry, *Sino-Mongol Relations during the Ming, II, The Tribute System and Diplomatic Missions (1400-1600)*. Bruxelles: Institute Belge des Hautes Études Chinoises, 1967.

Snyder, Richard C., H. W. Bruck, and Burton Sapin, eds., *Foreign Policy Decision-Making*. The Free Press of Glencoe, 1962.

Walker, Richard L., *The Multi-State System of Ancient China*. Westport, Conn.: Greenwood Press, (1953) 1971.

Wittfogel, Karl A., and Feng, Chia-sheng, *History of Chinese Society: Liao (907-1125)*. Philadelphia: The American Philosophical Society, 1946.

Yü, Ying-shih, *Trade and Expansion in Han China: A Study in the Structure of Sino-Barbarian Economic Relations*. Berkeley & Los Angeles: University of California Press, 1967.

四　西文論文

Chang, Chun-shu, "War and Peace with the Hsiungnu in Early Han China," 列入陶希聖先生八秩榮慶論文集（臺北：食貨，民國68年）。

Franke, Herbert, "Treaties between Sung and Chin," in Françoise Aubin, ed., *Études Song in Memoriam Étienne Balazs*. Serie 1, No. 1 (Paris: Mouton, 1970) pp. 55-84.

Li, Fang-kuei, "The Inscription of the Sino-Tibetan Treaty of 821-822," *T'oung-pao*, XLIV (1956), 1-99.

Mancall, Mark, "The Persistence of Tradition in Chinese Foreign Policy," in King C. Chen, ed., *The Foreign Policy of China* (Roseland, N. J.: East-West Who? 1972), pp. 25-44.

Moses, Larry W. "T'ang Tribute Relations with the Inner Asian Barbarian", in John Curtis Perry and Bardwell L. Smith, eds., *Essays on T'ang Society* (Leiden: E. J. Brill, 1976), pp. 61-89.

Penrose, G. Larry, "The Inner Asian Diplomatic Tradition," Indiana Univ. *Teaching Aids For The Study of Inner Asia*, No. 3 (1975).

Peterson, Charles A., "First Sung Reactions to the Mongol Invasion of the North," in John

W. Haeger, ed., *Crisis and Prosperity in Sung China* (Tucson: The University of Arizona Press, 1975), pp. 215-252.

Rogers, Michael, "Factionalism and Koryŏ Policy under the Northern Sung," *JAOS*, Vol. 79, No. 1 (1959), 16-25.

Rogers, Michael C., "Sung-Koryŏ Relations: Some Inhibiting Factors," *Oriens*, Vol. XI, Nos. 1-2 (1958), 194-202.

Sariti, William, Anthony, "A Note on Foreign Policy Decision-making in the Northern Sung", *Sung Studies Newsletter* 8 (Oct. 1973), 3-11.

Schurmann, H. F., "Mongolian Tributary Practices of the Thirteenth Century," *HJAS*, Vol. 19, Nos. 3 & 4 (1956), 304-389.

Wang, Gungwu, "Early Ming Relations with Southeast Asia: A Background Essay", in John K. Fairbank, ed., *The Chinese World Order* (Cambridge Mass: Harvard Univresity Press, 1968), pp. 38-44.

索引

二劃

三劃

四劃

五劃

六劃

七劃

八劃

九劃

十劃

十一劃

十二劃

十三劃

十四劃

十五劃

十六劃

十七劃

十八劃

十九劃

二十劃

二十一劃

二十四劃

二十六劃

宋遼關係史研究

2023年9月二版　　定價：新臺幣680元

著　者　陶晉生

出版者	聯經出版事業股份有限公司	副總編輯	陳逸華
地址	新北市汐止區大同路一段369號1樓	總編輯	涂豐恩
叢書主編電話	(02)86925588轉5305	總經理	陳芝宇
台北聯經書房	台北市新生南路三段94號	社長	羅國俊
電話	(02)23620308	發行人	林載爵
郵政劃撥帳戶第	0100559-3號		
郵撥電話	(02)23620308		
印刷者	世和印製企業有限公司		
總經銷	聯合發行股份有限公司		
發行所	新北市新店區寶橋路235巷6弄6號2F		
電話	(02)29178022		

行政院新聞局出版事業登記證局版臺業字第0130號

本書如有缺頁，破損，倒裝請寄回台北聯經書房更換。　ISBN 978-957-08-6997-2 (精裝)
聯經網址 http://www.linkingbooks.com.tw
電子信箱 e-mail:linking@udngroup.com

國家圖書館出版品預行編目資料

宋遼關係史研究／陶晉生著．二版．新北市．
聯經．2023.07．235面．14.8×21公分．
ISBN 978-957-08-6997-2（精裝）
[2023年9月二版]

1.CST：宋史 2.CST：遼史 3.CST：文集

625.07 112010106